HIER et DEMAIN

— Contes et Nouvelles —

COLLECTION HETZEL

— HIER ET DEMAIN —
CONTES & NOUVELLES

LES VOYAGES EXTRAORDINAIRES

JULES VERNE
HIER ET DEMAIN
CONTES ET NOUVELLES

La Famille Raton
M' RÉ-DIÈZE et Mlle MI-BÉMOL
La Destinée de JEAN MORÉNAS
Le HUMBUG
Au XXIXe Siècle
La JOURNÉE d'un Journaliste Américain en 2889
L'ÉTERNEL ADAM

Illustrations par L. BENETT, F. DE MYRBACH et GEORGE ROUX
PLANCHES EN CHROMOTYPOGRAPHIE

COLLECTION HETZEL

18, RUE JACOB, PARIS, VIe.
Tous droits de traduction et de reproduction réservés.

Copyright 1910, by J. Hetzel.

CONTE DE FÉES (¹)

I

Il y avait une fois une famille de rats, composée du père Raton, de la mère Ratonne, de leur fille Ratine et de son cousin Raté. Leurs domestiques, c'étaient le cuisinier Rata et la bonne Ratane. Or, il est arrivé à ces estimables rongeurs des aventures si extraordinaires, mes chers enfants, que je ne résiste pas au désir de vous les raconter.

Cela se passait au temps des fées et des enchanteurs, — au temps aussi où les bêtes parlaient. C'est de cette époque que date, sans doute, l'expression : « dire des bêtises ». Et, cependant, ces bêtes n'en disaient pas plus que les hommes de jadis et d'aujourd'hui n'en ont dit et n'en disent! Écoutez donc, mes chers enfants, je commence.

(¹) Ce petit conte a paru pour la première fois dans le *Figaro illustré* de janvier 1891.

II

Dans une des plus belles villes de ce temps-là, et dans la plus belle maison de la ville demeurait une bonne fée. Elle s'appelait Firmenta. Elle faisait autant de bien qu'une fée en peut faire, et on l'aimait beaucoup. A cette époque, paraît-il, tous les êtres vivants étaient soumis aux lois de la métempsycose. Ne vous effrayez pas de ce mot : cela signifie qu'il y avait une échelle de la création, dont chaque être devait franchir successivement les échelons, pour atteindre le dernier et prendre rang dans l'humanité. Ainsi on naissait mollusque, on devenait poisson, puis oiseau, puis quadrupède, puis homme ou femme. Comme vous le voyez, il fallait monter de l'état le plus rudimentaire à l'état le plus parfait. Toutefois, il pouvait arriver que l'on redescendît l'échelle, grâce à la maligne influence de quelque enchanteur. Et alors, quelle triste existence! Par exemple, après avoir été homme, redevenir huitre! Heureusement, cela ne se voit plus de nos jours,—physiquement, du moins.

Sachez aussi que ces diverses métamorphoses s'opéraient par l'intermédiaire des génies. Les bons génies faisaient monter, les mauvais faisaient descendre, et, si ces derniers abusaient de leur puissance, le Créateur pouvait les en priver pour un certain temps.

Il va sans dire que la fée Firmenta était un bon génie, et jamais personne n'avait eu à se plaindre d'elle.

Or, un matin, elle se trouvait dans la salle à manger de son palais—une salle ornée de tapisseries superbes et de magnifiques fleurs. Les rayons du soleil se glissaient à travers la fenêtre, piquant çà et là de touches lumineuses les porcelaines et l'argenterie placées sur la table. La suivante venait d'annoncer à sa maîtresse que le déjeuner était servi,—un joli déjeuner, comme les fées ont bien le droit d'en faire sans être accusées de gourmandise. Mais à peine la fée s'était-elle assise, que l'on frappa à la porte de son palais.

Aussitôt la suivante d'aller ouvrir; un instant après, elle prévenait la fée Firmenta qu'un beau jeune homme désirait lui parler.

« Fais entrer ce beau jeune homme, » répondit Firmenta.

Beau, en effet, d'une taille au-dessus de la moyenne, l'air bon, l'air brave aussi, et vingt-deux ans d'âge. Mis très simplement, il se présentait avec grâce. Tout d'abord, la fée eut favorable opinion de lui. Elle pensa qu'il venait, comme tant d'autres qu'elle avait obligés, pour quelque service, et elle se sentait disposée à le lui rendre.

« Que me voulez-vous, beau jeune homme? dit-elle de sa voix la plus engageante.

— Bonne fée, répondit-il, je suis bien malheureux, et je n'ai d'espoir qu'en vous.

Et, comme il hésitait :

— Expliquez-vous, reprit Firmenta. Quel est votre nom?

— Je me nomme Ratin, répondit-il. Je ne suis pas riche, et pourtant ce n'est point la fortune que je viens vous demander. Non, c'est le bonheur.

— Pensez-vous donc que l'un puisse aller sans l'autre? répliqua la fée en souriant.

— Je le pense.

— Et vous avez raison. Continuez, beau jeune homme.

— Il y a quelque temps, reprit-il, avant d'être homme, j'étais rat, et, comme tel, très bien accueilli dans une excellente famille à laquelle je comptais m'attacher par les plus doux liens. Je plaisais au père, qui est un rat plein de sens. Peut-être la mère me voyait-elle d'un moins bon œil, parce que je ne suis pas riche. Mais leur fille Ratine me regardait si tendrement!.. Enfin j'allais probablement être agréé, lorsqu'un grand malheur vint couper court à toutes mes espérances.

— Qu'est-il donc arrivé? demanda la fée avec le plus vif intérêt.

— Et d'abord, je suis devenu homme, tandis que Ratine restait rate.

— Eh bien, répondit Firmenta, attendez que sa dernière transformation en ait fait une jeune fille...

— Sans doute, bonne fée! Malheureusement Ratine avait été remarquée par un puissant seigneur. Habitué à satisfaire ses fantaisies, il ne souffre pas la moindre résistance. Tout doit plier devant ses volontés.

— Et quel était ce seigneur? demanda la fée.

— C'était le prince Kissador. Il proposa à ma chère Ratine de l'emmener dans son palais, où elle serait la plus heureuse des rates. Elle s'y refusa, bien que sa mère Ratonne fût très flattée de la demande. Le prince tenta alors de l'acheter à haut prix; mais le père Raton, sachant combien sa fille m'aimait, et que je mourrais de douleur si on nous séparait, ne voulut point y consentir. Je renonce à vous peindre la fureur du prince Kissador. Voyant Ratine si belle en rate, il se disait qu'elle serait encore plus belle en jeune fille. Oui, bonne fée, plus belle encore! Et il l'épouserait!.. Ce qui était bien raisonné pour lui, mais bien malheureux pour nous!

— Oui, répondit la fée, mais, puisque le prince a été éconduit, qu'avez-vous à craindre?

— Tout, reprit Ratin, car, pour arriver à ses fins, il s'est adressé à Gardafour...

— Cet enchanteur, s'écria Firmenta, ce mauvais génie qui ne se plaît qu'à faire le mal, et avec lequel je suis toujours en lutte?..

— Lui-même, bonne fée!

— Ce Gardafour, dont la redoutable puissance ne cherche qu'à ramener au bas de l'échelle les êtres qui s'élèvent peu à peu vers les plus hauts degrés?

« Qu'est-il donc arrivé ? » demanda la fée... (Page 4.)

— Comme vous dites!

— Heureusement, Gardafour, ayant abusé de son pouvoir, vient d'en être privé pour quelque temps.

— Cela est vrai, répondit Ratin; mais, au moment où le prince a eu recours à lui, il le possédait encore tout entier. Aussi, alléché par les promesses de ce seigneur, autant qu'effrayé de ses menaces, promit-il de le venger des dédains de la famille Raton.

— Et il l'a fait?...
— Il l'a fait, bonne fée!
— Et comment?
— Il a métamorphosé ces braves rats! Il les a changés en huîtres. Et maintenant ils végètent sur le banc de Samobrives, où ces mollusques, — d'excellente qualité, je dois le dire, — valent trois francs la douzaine, ce qui est bien naturel, puisque la famille Raton se trouve parmi eux! Vous voyez, bonne fée, toute l'étendue de mon malheur!

Firmenta écoutait avec pitié et bienveillance ce récit du jeune Ratin. Elle compatissait volontiers, d'ailleurs, aux douleurs humaines, et surtout aux amours contrariées.

— Que puis-je faire pour vous? demanda-t-elle.
— Bonne fée, répondit Ratin, puisque ma Ratine est attachée au banc de Samobrives, faites-moi huître à mon tour, afin que j'aie la consolation d'y vivre près d'elle!

Ce fut dit d'un ton si triste, que la fée Firmenta se sentit tout émue, et, prenant la main du beau jeune homme :

« Ratin, lui dit-elle, je consentirais à vous satisfaire que je ne pourrais y réussir. Vous le savez, il m'est interdit de faire redescendre les êtres vivants. Toutefois, si je ne puis vous réduire à l'état de mollusque, ce qui est un état bien humble, je puis faire remonter Ratine...

— Oh! faites, bonne fée, faites!
— Mais il faudra qu'elle repasse par les degrés intermédiaires, avant de redevenir la charmante rate, destinée à être jeune fille un jour. Donc, soyez patient! soumettez-vous aux lois de la nature. Ayez confiance aussi...

— En vous, bonne fée?..
— Oui, en moi! Je ferai tout pour vous venir en aide. N'oublions pas, cependant, que nous aurons à soutenir de violentes luttes. Vous avez dans le prince Kissador, bien qu'il soit le plus sot des princes, un ennemi puissant. Et, si Gardafour recouvrait

son pouvoir avant que vous ne fussiez l'époux de la belle Ratine, il me serait difficile de le vaincre, car il serait redevenu mon égal. »

La fée Firmenta et Ratin en étaient là de leur conversation, lorsqu'une petite voix se fit entendre. D'où sortait cette voix ? Cela semblait difficile à deviner.

Et cette voix disait :

« Ratin !.. mon pauvre Ratin... je t'aime !..

— C'est la voix de Ratine, s'écria le beau jeune homme. Ah ! madame la fée, ayez pitié d'elle ! »

En vérité, Ratin était comme fou. Il courait à travers la salle, il regardait sous les meubles, il ouvrait les dressoirs dans la pensée que Ratine pouvait y être cachée, et il ne la trouvait pas !

La fée l'arrêta d'un geste.

Et alors, mes chers enfants, il se produisit quelque chose de singulier. Il y avait sur la table, rangées dans un plat d'argent, une demi-douzaine d'huitres qui venaient précisément du banc de Samobrives. Au milieu se voyait la plus jolie, avec sa coquille bien luisante, bien ourlée. Et la voilà qui grossit, s'élargit, se développe, puis ouvre ses deux valves. Des plis de sa collerette se dégage une adorable figure, avec des cheveux blonds comme les blés, deux yeux, les plus doux du monde, un petit nez bien droit, une bouche charmante qui répète :

« Ratin ! mon cher Ratin !..

— C'est elle ! » s'écrie le beau jeune homme.

C'était Ratine, en effet, il l'avait bien reconnue. Car il faut vous dire, mes chers enfants, qu'en cet heureux temps de magie, les êtres avaient déjà visage humain, même avant d'appartenir à l'humanité.

Et comme Ratine était jolie sous la nacre de sa coquille ! On eût dit un bijou dans son écrin.

Et elle s'exprimait ainsi :

« Ratin, mon cher Ratin, j'ai entendu tout ce que tu viens de dire à madame la fée, et madame la fée a daigné promettre de réparer le mal que nous a fait ce méchant Gardafour. Oh! ne m'abandonnez pas, car, s'il m'a changée en huître, c'est pour que je ne puisse plus m'enfuir! Alors le prince Kissador viendra me détacher du banc auquel est attachée ma famille; il m'emportera, il me mettra dans son vivier, il attendra que je sois devenue jeune fille, et je serai à jamais perdue pour mon pauvre et cher Ratin! »

Elle parlait d'une voix si plaintive, que le jeune homme, profondément ému, pouvait à peine répondre.

« Oh! ma Ratine! » murmurait-il.

Et dans un élan de tendresse, il étendait la main vers le pauvre petit mollusque, lorsque la fée l'arrêta. Puis, après avoir enlevé délicatement une perle magnifique qui s'était formée au fond de la valve :

« Prends cette perle, lui dit-elle.

— Cette perle, bonne fée?

— Oui, elle vaut toute une fortune. Cela pourra te servir plus tard. Maintenant nous allons reporter Ratine sur le banc de Samobrives, et là, je la ferai remonter d'un échelon...

— Pas seule, bonne fée, répondit Ratine d'une voix suppliante. Songez à mon bon père Raton, à ma bonne mère Ratonne, à mon cousin Raté! Songez à nos fidèles serviteurs Rata et Ratane !.. »

Mais, pendant qu'elle parlait ainsi, les deux valves de sa coquille se refermaient peu à peu et reprenaient leurs dimensions ordinaires.

« Ratine! s'écria le jeune homme.

— Emporte-la! » dit la fée.

Et, après l'avoir prise, Ratin pressa cette coquille sur ses lèvres. Ne contenait-elle pas tout ce qu'il avait de plus cher au monde?

III

La mer est basse. Le ressac bat doucement le pied du banc des Samobrives. Il y a des flaques d'eau entre les rochers. Le granit brille comme de l'ébène ciré. On marche sur les goémons visqueux dont les cosses éclatent en faisant jaillir de petits jets liquides. Il faut prendre garde de glisser, car la chute serait douloureuse.

Quelle quantité de mollusques sur ce banc : des vignaux semblables à de gros limaçons, des moules, des clovisses, des mâcles, et surtout des huîtres par milliers !

Une demi-douzaine des plus belles se cachent sous les plantes marines. Je me trompe : il n'y en a que cinq. La place de la sixième est inoccupée !

Voilà maintenant que ces huîtres s'ouvrent aux rayons du soleil, afin de respirer la fraîche brise du large. En même temps s'échappe une sorte de chant, plaintif comme une litanie de semaine sainte.

Les valves de ces mollusques se sont lentement écartées. Entre leurs franges transparentes se dessinent quelques figures faciles à reconnaître. L'une est Raton, le père, un philosophe, un sage, qui sait accepter la vie sous toutes ses formes.

« Sans doute, pense-t-il, après avoir été rat, redevenir mollusque, cela ne laisse pas d'être pénible. Mais il faut se faire une raison et prendre les choses comme elles viennent ! »

Dans la deuxième huître, grimace une figure contrariée, dont les yeux jettent des éclairs. En vain cherche-t-elle à s'élancer hors de sa coquille. C'est dame Ratonne, et elle dit :

« Être enfermée dans cette prison d'écaille, moi qui tenais le premier rang dans notre ville de Ratopolis ! Moi qui, arrivée à la phase humaine, aurais été grande dame, princesse peut-être !.. Ah ! le misérable Gardafour ! »

Dans la troisième huître, se montre la face bébête du cousin Raté, un franc nigaud, quelque peu poltron, qui dresserait l'oreille au moindre bruit, comme un lièvre. Il faut vous dire que, tout naturellement, en sa qualité de cousin, il faisait la cour à sa cousine. Or, Ratine, on le sait, en aimait un autre, et cet autre, Raté le jalousait cordialement.

« Ah ! ah ! faisait-il, quelle destinée ! Au moins, quand j'étais rat, je pouvais courir, me sauver, éviter les chats et les ratières. Mais ici, il suffit que l'on me cueille avec une douzaine de mes semblables, et le couteau grossier d'une écaillère m'ouvrira brutalement, et j'irai figurer sur la table d'un riche, et je serai avalé... vivant peut-être ! »

Dans la quatrième huître, c'est le cuisinier Rata, un chef très fier de ses talents, très vaniteux de son savoir.

« Le maudit Gardafour ! s'écriait-il. Si jamais je le tiens d'une main, je lui tors le cou de l'autre ! Moi, Rata, qui en faisais de si bons que le nom m'en est resté, être collé entre deux écailles ! Et ma femme Ratane...

— Je suis là, dit une voix qui sortait de la cinquième huître. Ne te fais pas de chagrin, mon pauvre Rata ! Si je ne puis me rapprocher de toi, je n'en suis pas moins à ton côté, et, quand tu remonteras l'échelle, nous la remonterons ensemble ! »

Bonne Ratane ! Une grosse boulotte, toute simple, toute modeste, aimant bien son mari, et, comme lui, très dévouée à ses maîtres.

Puis, alors, la triste litanie reprit sur un mode lugubre. Quelques centaines d'huîtres infortunées, attendant leur délivrance, elles aussi, se joignirent à ce concert de lamentations. Cela serrait le cœur. Et quel surcroît de douleur pour Raton, le père, et pour dame Ratonne, s'ils avaient su que leur fille n'était plus avec eux !

Soudain, tout se tut. Les écailles se refermèrent.

Gardafour venait d'arriver sur la grève, vêtu de sa longue

robe d'enchanteur, coiffé du bonnet traditionnel, la physionomie farouche. Près de lui marchait le prince Kissador, vêtu de riches habits. On imaginerait difficilement à quel point ce seigneur était infatué de sa personne, et comme il se déhanchait d'une manière ridicule pour se donner des grâces.

« Où sommes-nous? demanda-t-il.

— Au banc de Samobrives, mon prince, répondit obséquieusement Gardafour.

— Et cette famille Raton?...

— Toujours à la place où je l'ai incrustée pour vous être agréable!

— Ah! Gardafour, reprit le prince en frisant sa moustache, cette petite Ratine! J'en suis ensorcelé! Il faut qu'elle soit à moi! Je te paie pour me servir, et si tu ne réussis pas, prends garde!..

— Prince, répondit Gardafour, si j'ai pu changer toute cette famille de rats en mollusques, avant que mon pouvoir ne m'eût été retiré, je n'aurais pu en faire des êtres humains, vous le savez!

— Oui, Gardafour, et c'est bien cela qui m'enrage!.. »

Tous deux prirent pied sur le banc, au moment où deux personnes paraissaient sur l'autre côté de la grève. C'étaient la fée Firmenta et le jeune Ratin. Celui-ci tenait sur son cœur la double coquille qui renfermait sa bien-aimée.

Soudain ils aperçurent le prince et l'enchanteur.

« Gardafour, dit la fée, que viens-tu faire ici? Préparer encore quelque machination criminelle?

— Fée Firmenta, dit le prince Kissador, tu sais que je suis fou de cette gentille Ratine, assez peu avisée pour repousser un seigneur de ma tournure, et qui attend si impatiemment l'heure où tu la rendras jeune fille...

— Quand je la rendrai jeune fille, répondit Firmenta, ce sera pour appartenir à celui qu'elle préfère.

— Cet impertinent, riposta le prince, ce Ratin, dont Gardafour n'aura pas de peine à faire un âne, quand je lui aurai allongé les oreilles ! »

A cette insulte, le jeune homme bondit; il allait s'élancer sur le prince et châtier son insolence, lorsque la fée lui saisit la main.

« Calme ta colère, dit-elle. Il n'est pas temps de te venger, et les insultes du prince tourneront un jour contre lui. Fais ce que tu as à faire, et partons. »

Ratin obéit, et, après l'avoir pressée une dernière fois sur ses lèvres, il alla déposer l'huître au milieu de sa famille.

Presque aussitôt, la marée commença à recouvrir le banc de Samobrives, l'eau envahit les dernières pointes, et tout disparut jusqu'à l'horizon de la haute mer, dont le contour se confondait avec celui du ciel.

IV

Cependant, à droite, quelques roches sont restées à découvert. La marée ne peut atteindre leur sommet, même lorsque la tempête pousse les lames à la côte.

C'est là que le prince et l'enchanteur se sont réfugiés. Lorsque le banc sera à sec, ils iront chercher la précieuse huître, qui renferme Ratine, et l'emporteront. Au fond, le prince est furieux. Si puissants que fussent les princes, et même les rois, ils ne pouvaient rien en ce temps-là contre les fées, et il en serait encore de même, si nous revenions jamais à cette heureuse époque.

Et, en effet, voici que Firmenta dit au beau jeune homme :

« Maintenant que la mer est haute, Raton et les siens vont remonter d'un échelon vers l'humanité. Je vais les faire poissons,

Raton et les siens frétillent sous les eaux... (Page 16.)

et, sous cette forme, ils n'auront plus rien à craindre de leurs ennemis.

— Même si on les pêche?.. fit observer Ratin.

— Sois tranquille, je veillerai sur eux. »

Par malheur, Gardafour avait entendu la fée et imaginé un plan; suivi du prince, il se dirigea vers la terre ferme.

Alors la fée étendit sa baguette vers le banc de Samobrives, caché sous les eaux. Les huîtres de la famille Raton s'entr'ouvrirent. Il en sortit des poissons frétillants, tout joyeux de cette nouvelle transformation.

Raton, le père, — un brave et digne turbot, avec des tubercules sur son flanc brunâtre, et qui, s'il n'eût eu face humaine, vous aurait regardé de ses deux gros yeux placés sur le côté gauche.

Mme Ratonne, — une vive, avec la forte épine de son opercule et les piquants acérés de sa première dorsale, très belle, d'ailleurs, sous ses couleurs changeantes.

Mlle Ratine, — une jolie et élégante dorade de Chine, presque diaphane, bien attrayante dans son vêtement mélangé de noir, de rouge et d'azur.

Rata, — un farouche brochet de mer, corps allongé, bouche fendue jusqu'aux yeux, dents tranchantes, l'air furieux comme un requin en miniature, et d'une surprenante voracité.

Ratane, — une grosse truite saumonée, avec ses taches ocellées, couleur de vermillon, les deux croissants dessinés sur le fond argenté de ses écailles, et qui eût fait bonne figure sur la table d'un gourmet.

Enfin, le cousin Raté, — un merlan au dos d'un gris verdâtre. Mais, par une bizarrerie de la nature, ne voilà-t-il pas qu'il n'est qu'à moitié poisson! Oui, l'extrémité de son corps, au lieu d'être terminée par une queue, est encore engagée entre deux écailles d'huître. N'est-ce pas là le comble du ridicule? Pauvre cousin!

Et alors, merlan, truite, brochet, dorade, vive, turbot, rangés sous les eaux claires, au pied de la roche où Firmenta agitait sa baguette, semblaient dire :

« Merci, bonne fée, merci! »

V

En ce moment, une masse, venant du large, se dessine plus nettement. C'est une chaloupe, avec sa grande misaine rougeâtre et son foc au vent. Elle arrive dans la baie, poussée par une fraîche brise. Le prince et l'enchanteur sont à bord, et c'est à eux que l'équipage doit vendre toute sa pêche.

Le chalut a été envoyé à la mer. Dans cette vaste poche que l'on promène sur le fond sablonneux se prennent par centaines toutes sortes de poissons, de mollusques et de crustacés, crabes, crevettes, homards, limandes, raies, soles, barbues, anges, vives, dorades, turbots, bars, rougets, grondins, mulets, surmulets et bien d'autres!

Aussi, quel danger menace la famille Raton, à peine délivrée de sa prison d'écaille! Si par malheur le chalut la ramasse, elle n'en pourra plus sortir! Alors, le turbot, la vive, le brochet, la truite, le merlan, saisis par la grosse main des matelots, seront jetés dans les paniers des mareyeurs, expédiés vers quelque grande capitale, étalés, palpitants encore, sur le marbre des revendeuses, tandis que la dorade, emportée par le prince, sera à jamais perdue pour son bien-aimé Ratin!

Mais voici le temps qui change. La mer grossit. Le vent siffle. L'orage éclate. C'est la rafale, c'est la tempête.

Le bateau est horriblement secoué par la houle. Il n'a pas le temps de relever son chalut qui se rompt, et, malgré les efforts du timonnier, il est drossé vers la côte et se fracasse sur les récifs. A peine si le prince Kissador et Gardafour peuvent échapper au naufrage, grâce au dévouement des pêcheurs.

C'est la bonne fée, mes chers enfants, qui a déchaîné cet orage pour le salut de la famille Raton. Elle est toujours là, accompagnée du beau jeune homme, et sa merveilleuse baguette à la main.

Alors Raton et les siens frétillent sous les eaux qui se calment. Le turbot se tourne et se retourne, la vive nage coquettement, le brochet ouvre et ferme ses vigoureuses mâchoires, dans lesquelles s'engouffrent de petits poissons, la truite fait des grâces, et le merlan, que gênent ses écailles, se meut gauchement. Quant à la jolie dorade, elle semble attendre que Ratin se précipite sous les eaux pour la rejoindre!.. Oui! il le voudrait, mais la fée le retient.

« Non, dit-elle, pas avant que Ratine n'ait repris la forme sous laquelle elle a d'abord su te plaire! »

VI

Une fort jolie ville, que la ville de Ratopolis. Elle est située dans un royaume dont j'ai oublié le nom, qui n'est ni en Europe, ni en Asie, ni en Afrique, ni en Océanie, ni en Amérique, bien qu'il se trouve quelque part.

En tout cas, le paysage autour de Ratopolis, ressemble beaucoup à un paysage hollandais. C'est frais, c'est vert, c'est propre, avec des cours d'eau limpides, des berceaux ombragés de beaux arbres, des prairies grasses où paissent les plus heureux troupeaux du monde.

Comme toutes les villes, Ratopolis a des rues, des places, des boulevards; mais ces boulevards, ces places, ces rues, sont bordés de fromages magnifiques, en guise de maisons: des gruyères, des croûte-rouges, des mareuils, des chesters de vingt espèces. Ils sont creusés à l'intérieur en étages, appartements, chambres. C'est là que vit, en république, une nombreuse population de rats, sage, modeste et prévoyante.

Il pouvait être sept heures du soir, un dimanche. En famille, rats et rates se promenaient pour respirer la fraîcheur. Après

UNE FORT JOLIE VILLE, QUE LA VILLE DE RATOPOLIS... (PAGE 16.)

avoir bien travaillé toute la semaine à refaire les provisions du ménage, ils se reposaient le septième jour.

Or, le prince Kissador était alors à Ratopolis, accompagné de l'inséparable Gardafour. Ayant appris que les membres de la famille Raton, après avoir été poissons pendant quelque temps, étaient redevenus rats, ils s'occupaient à leur préparer de secrètes embûches.

« Quand je songe, répétait le prince, que c'est encore à cette fée maudite qu'ils doivent leur nouvelle transformation !

— Eh ! tant mieux, répondait Gardafour. Ils seront maintenant plus faciles à prendre. Des poissons, cela s'échappe trop aisément. A présent, les voilà rats ou rates, et nous saurons bien nous en emparer, et, une fois en votre pouvoir, ajouta l'enchanteur, la belle Ratine finira par être folle de votre seigneurie. »

A ce discours, le fat se rengorgeait, se pavanait, lançait des œillades aux jolies rates en promenade.

— Gardafour, dit-il, tout est prêt ?

— Tout, mon prince, et Ratine n'échappera pas au piège que je lui ai tendu.

Et Gardafour montrait un élégant berceau de feuillage, disposé au coin de la place.

— Ce berceau cache un piège, dit-il, et je vous promets que la belle sera aujourd'hui même dans le palais de votre seigneurie, où elle ne pourra résister aux grâces de votre esprit et aux séductions de votre personne.

Et l'imbécile de gober ces grosses flatteries de l'enchanteur !

— La voilà, dit Gardafour. Venez, mon prince, il ne faut pas qu'elle nous aperçoive. »

Tous deux gagnèrent la rue voisine.

C'était Ratine, en effet, mais Ratin l'accompagnait pour rentrer au logis. Qu'elle était charmante, avec sa jolie figure de blonde et sa gracieuse tournure de rate ! Et le jeune homme lui disait :

« Ah ! chère Ratine, que n'es-tu déjà une demoiselle ! Si, pour t'épouser tout de suite, j'avais pu redevenir rat, je n'aurais pas hésité. Mais cela est impossible.

— Eh bien, mon cher Ratin, il faut attendre...

— Attendre! Toujours attendre!

— Qu'importe, puisque tu sais que je t'aime et ne serai jamais qu'à toi. D'ailleurs la bonne fée nous protège, et nous n'avons plus rien à craindre du méchant Gardafour ni du prince Kissador...

— Cet impertinent, s'écria Ratin, ce sot que je corrigerai...

— Non, mon Ratin, non, ne lui cherche pas querelle! Il a des gardes qui le défendraient... Aie patience, puisqu'il le faut, et confiance, puisque je t'aime! »

Tandis que Ratine disait si gentiment ces choses, le jeune homme la pressait sur son cœur, lui baisait ses petites pattes.

Et comme elle se sentait un peu fatiguée de sa promenade :

« Ratin, dit-elle, voilà le berceau sous lequel j'ai l'habitude de me reposer. Va à la maison prévenir mon père et ma mère qu'ils me retrouveront ici pour aller à la fête. »

Et Ratine se glissa sous le berceau.

Soudain il se fit un bruit sec, comme le craquement d'un ressort qui se détend...

Le feuillage cachait une perfide ratière, et Ratine, qui ne pouvait s'en défier, venait de toucher le ressort. Brusquement, une grille s'était abattue devant le berceau, et maintenant elle était prise!

Ratin jeta un cri de colère, auquel répondit le cri de désespoir de Ratine, auquel répondit le cri de triomphe de Gardafour, qui accourait avec le prince Kissador.

En vain le jeune homme s'accrochait-il à la grille pour en briser les barreaux, en vain voulut-il se jeter sur le prince.

Le mieux était d'aller chercher du secours pour délivrer la malheureuse Ratine, et c'est ce que fit Ratin en s'échappant par la grande rue de Ratapolis.

Pendant ce temps, Ratine était extraite de la ratière, et le prince Kissador lui disait le plus galamment du monde :

« Je te tiens, petite, et maintenant, tu ne m'échapperas plus! »

VII

C'était l'une des plus élégantes maisons de Ratopolis, — un magnifique fromage de Hollande, — qu'habitait la famille Raton. Le salon, la salle à manger, les chambres à coucher, toutes les pièces nécessaires au service, étaient distribuées avec goût et confort. C'est que Raton et les siens comptaient parmi les notables de la ville, et jouissaient de l'estime universelle.

Ce retour à son ancienne situation n'avait point enflé le cœur de ce digne philosophe. Ce qu'il avait été, il ne devait pas cesser de l'être, modeste dans ses ambitions, un vrai sage dont La Fontaine eût fait le président de son conseil de rats. On se fût toujours bien trouvé de suivre ses avis. Seulement il était devenu goutteux et marchait avec une béquille, lorsque la goutte ne le retenait pas dans son grand fauteuil. Il attribuait cela à l'humidité du banc de Samobrives, où il avait végété plusieurs mois. Bien qu'il eût été aux eaux réputées les meilleures, il en était revenu plus goutteux qu'avant. Cela était d'autant plus fâcheux pour lui, que, phénomène très bizarre, cette goutte le rendait impropre à toute métamorphose ultérieure. En effet, la métempsycose ne pouvait s'exercer sur les individus atteints de cette maladie des riches. Raton resterait donc rat, tant qu'il serait goutteux.

Mais Ratonne, elle, n'était pas philosophe. Voyez-vous sa situation, alors que, promue dame et grande dame, elle aurait pour mari un simple rat, et un rat goutteux encore! Ce serait à mourir de honte! Aussi était-elle plus acariâtre, plus irritable que jamais, cherchant noise à son époux, gourmandant ses servantes, à propos d'ordres mal exécutés parce qu'ils étaient mal donnés, faisant la vie dure à toute sa maison.

« Il faudra pourtant vous guérir, Monsieur, disait-elle, et je saurai bien vous y contraindre !

— Je ne demanderais pas mieux, ma bonne, répondait Raton, mais je crains que ce ne soit impossible, et je devrai me résigner à rester rat...

— Rat! moi, la femme d'un rat! et de quoi aurai-je l'air?.. Et ne voilà-t-il pas, d'autre part, notre fille amoureuse d'un garçon qui n'a pas le sou!.. Quelle honte! Supposez que je sois princesse un jour, Ratine sera princesse aussi...

— C'est donc que je serai prince, répliqua Raton, non sans une pointe de malice.

— Vous, prince, avec une queue et des pattes ! Voyez-vous le beau seigneur ! »

C'était ainsi que, toute la journée, on entendait geindre dame Ratonne. Le plus souvent, elle essayait de passer sa mauvaise humeur sur le cousin Raté. Il est vrai que le pauvre cousin ne cessait de prêter à la plaisanterie.

Cette fois encore, la métamorphose n'avait pas été complète. Il n'était rat qu'à moitié, — rat par devant, mais poisson par derrière avec une queue de merlan, ce qui le rendait absolument grotesque. Dans ces conditions, allez donc plaire à la belle Ratine, ou même aux jolies autres rates de Ratopolis !

« Mais, qu'ai-je donc fait à la nature, pour qu'elle me traite ainsi, s'écriait-il, qu'ai-je donc fait?

— Veux-tu bien cacher cette vilaine queue ! disait dame Ratonne.

— Je ne peux pas, ma tante !

— Eh bien, coupe-la, imbécile, coupe-la ! »

Et le cuisinier Rata offrait de procéder à cette section, puis d'accommoder cette queue de merlan d'une façon supérieure. Quel régal c'eût été pour un jour de fête tel que celui-ci !

Jour de fête à Ratopolis? Oui, mes chers enfants! Aussi la famille Raton se proposait-elle de prendre part aux réjouissances publiques. Elle n'attendait plus pour partir que le retour de Ratine.

En ce moment, un carrosse s'arrêta à la porte de la maison. C'était celui de la fée Firmenta en costume de brocart et d'or, qui venait rendre visite à ses protégés. Si elle souriait parfois des ambitions risibles de Ratonne, des jactances ridicules de Rata, des bêtises de Ratane, des lamentations du cousin Raté, elle faisait grand cas du bon sens de Raton, elle adorait la charmante Ratine et s'employait au succès de son mariage. Et, en sa présence, dame Ratonne n'osait plus reprocher au beau jeune homme de ne pas même être prince.

On fit donc accueil à la fée, sans lui ménager les remerciments pour tout ce qu'elle avait fait et ferait encore.

« Car nous avons bien besoin de vous, madame la fée! dit Ratonne. Ah! quand serai-je dame?

— Patience, patience, répondit Firmenta. Il faut laisser opérer la nature, et cela demande un certain temps.

— Mais pourquoi veut-elle que j'aie une queue de merlan, quoique je sois redevenu rat? s'écria le cousin en faisant une mine pitoyable. Madame la fée, ne pourrait-on m'en débarrasser?..

— Hélas! non, répondit Firmenta, et, vraiment, vous n'avez pas de chance. C'est votre nom de Raté qui veut cela, probablement. Espérons cependant que vous n'aurez point une queue de rat quand vous deviendrez oiseau!

— Oh! s'écria dame Ratonne, que je voudrais donc être une reine de volière!

— Et moi, une belle grosse dinde truffée! dit naïvement la bonne Ratane.

— Et moi, un roi de basse-cour! ajouta Rata.

— Vous serez ce que vous serez, riposta le père Raton. Quant à moi, je suis rat, et le resterai grâce à ma goutte, et mieux vaut l'être, après tout, que de se retrousser les plumes, comme bien des oiseaux de ma connaissance! »

En ce moment, la porte s'ouvrit, le jeune Ratin parut, pâle, défait. En quelques mots, il eut raconté l'histoire de la ratière, et comment Ratine était tombée dans le piège du perfide Gardafour.

« Ah! c'est ainsi, répondit la fée. Tu veux lutter encore, maudit enchanteur! Soit! A nous deux! »

VIII

Oui, mes chers enfants, tout Ratopolis est en fête, et cela vous eût bien amusés, si vos parents avaient pu vous y conduire. Jugez donc! Partout de larges arceaux avec des transparents de mille couleurs, des arcs de feuillage au-dessus des rues pavoisées, des maisons tendues de tapisseries, des pièces d'artifices se croisant dans les airs, de la musique à chaque coin de carrefour, et, je vous prie de le croire, les rats en montreraient aux meilleurs orphéons du monde. Ils ont de petites voix douces, douces, des voix de flûte d'un charme inexprimable. Et, comme ils interprètent les œuvres de leurs compositeurs : les Rassini, les Ragner, les Rassenet et tant d'autres maîtres!

Mais, ce qui eût excité votre admiration, c'est un cortège de tous les rats de l'univers et de tous ceux qui, sans être rats, ont mérité ce nom significatif.

On y voit des rats qui ressemblent à Harpagon, portant sous la patte leur précieuse cassette d'avare; des rats à poils, vieux grognards, dont la guerre a fait des héros, toujours prêts à égorger le genre humain pour conquérir un galon de plus; des rats à trompe, avec une vraie queue sur le nez, comme en fabriquent ces farceurs de zouaves africains; des rats d'église, humbles et modestes; des rats de cave, habitués à fourrer leur museau dans la marchandise pour le compte des gouvernements; et surtout des quantités fabuleuses de ces gentils rats de la danse qui exécutent les passes et contre-passes d'un ballet d'opéra!

C'est au milieu de ce concours de beau monde que s'avançait la famille Raton, conduite par la fée. Mais elle ne voyait rien de cet éblouissant spectacle. Elle ne songeait qu'à Ratine, la pauvre Ratine, enlevée à l'amour de ses père et mère, comme à l'amour de son fiancé!

On arriva ainsi sur la grande place. Si la ratière était toujours sous le berceau, Ratine ne s'y trouvait plus.

« Rendez-moi ma fille! » s'écriait dame Ratonne, dont toute l'ambition n'allait plus qu'à retrouver son enfant, et cela faisait réellement pitié de l'entendre.

La fée essayait en vain de dissimuler sa colère contre Gardafour. On le voyait à ses lèvres pincées, à ses yeux qui avaient perdu leur douceur habituelle.

Un grand brouhaha s'éleva alors au fond de la place. C'était un cortège de princes, de ducs, de marquis, enfin des plus magnifiques seigneurs en costumes superbes, précédés de gardes armés de toutes pièces.

En tête du principal groupe se détachait le prince Kissador, distribuant des sourires, des saluts protecteurs à toutes ces petites gens qui lui faisaient la cour.

Puis, en arrière, au milieu des serviteurs, se traînait une pauvre et jolie rate. C'était Ratine, si surveillée, si entourée, qu'elle ne pouvait songer à fuir. Ses doux yeux pleins de larmes, en disaient plus que je ne saurais vous en dire. Gardafour, marchant près d'elle, ne la quittait pas du regard. Ah! il la tenait bien, cette fois!

« Ratine... ma fille!..

— Ratine... ma fiancée! » s'écrièrent Ratonne et Ratin, qui essayèrent vainement d'arriver jusqu'à elle.

Il fallait voir les ricanements dont le prince Kissador saluait la famille Raton, et quel coup d'œil provocateur Gardafour lançait à la fée Firmenta. Bien qu'il fût privé de son pouvoir de génie, il avait triomphé, rien qu'en employant une simple ratière. Et, en même temps, les seigneurs complimentaient le prince sur sa conquête. Avec quelle fatuité le sot recevait ces compliments!

Soudain la fée étend le bras, agite sa baguette, et aussitôt s'opère une nouvelle métamorphose.

Si le père Raton reste rat, voilà dame Ratone changée en perruche, Rata en paon, Ratane en oie, et le cousin Raté en héron. Mais, toujours sa mauvaise chance, et au lieu d'une belle queue d'oiseau, c'est une maigre queue de rat qui frétille sous son plumage!

Au même moment, une colombe s'enlève légèrement du groupe des seigneurs : c'est Ratine!

Que l'on juge de l'hébêtement du prince Kissador, de la colère de Gardafour! Et les voilà tous, courtisans et serviteurs, à la poursuite de Ratine, qui s'enfuit à tire d'aile.

Le décor a changé. Ce n'est plus la grande place de Ratopolis, c'est un paysage admirable dans un cadre de grands arbres. Et des divers coins du ciel s'approchent mille oiseaux, qui viennent faire accueil à leurs nouveaux frères aériens.

Alors dame Ratone, fière de son plumage, heureuse de son caquetage, se livre aux ébats les plus gracieux, tandis que, toute honteuse, la bonne Ratane ne sait plus où cacher ses pattes d'oie.

De son côté, Rata — dom Rata, s'il vous plaît — fait la roue, comme s'il avait été paon toute sa vie, tandis que le pauvre cousin murmure à voix basse :

« Raté encore!... Raté toujours! »

Mais voici qu'une colombe traverse l'espace, en poussant de

petits cris joyeux, décrit des courbes élégantes, et vient se poser légèrement sur l'épaule du beau jeune homme.

C'est la charmante Ratine, et on peut l'entendre qui murmure à l'oreille de son fiancé en battant de l'aile :

« Je t'aime, mon Ratin, je t'aime! »

IX

Où sommes-nous, mes chers enfants? Toujours dans un de ces pays que je ne connais pas, dont je ne pourrais dire le nom. Mais celui-ci, avec ses vastes paysages encadrés d'arbres de la zone tropicale, ses temples qui se découpent un peu crûment sur un ciel très bleu, il ressemble à l'Inde, et ses habitants à des Hindous.

Entrons dans ce caravansérail, une sorte d'immense auberge, ouverte à tout venant. C'est là qu'est réunie la famille Raton, au complet. Suivant le conseil de la Fée Firmenta, elle s'est mise en voyage. Le plus sûr, en effet, c'était de quitter Ratopolis, pour échapper aux vengeances du prince, tant que l'on ne serait pas assez fort pour se défendre. Ratonne, Ratane, Ratine, Rata et Raté ne sont encore que de simples volatiles. Qu'ils deviennent des fauves, et il ne sera plus si facile d'en avoir raison.

Oui, de simples volatiles, parmi lesquels Ratane a été une des moins favorisées. Aussi se promène-t-elle seule dans la cour du caravansérail.

« Hélas! hélas! s'écrie-t-elle, après avoir été une truite élégante, une rate qui a su plaire, être devenue une oie, une oie domestique, une de ces oies de basse-cour que n'importe quel cuisinier peut farcir de marrons! »

Et elle soupirait à cette idée, ajoutant :

« Qui sait même si mon mari n'aura pas la pensée de le faire ? C'est qu'il me dédaigne, à présent ! Comment voulez-vous qu'un paon si majestueux ait la moindre considération pour une oie si vulgaire ? Si encore j'étais dinde !.. Mais non ! Et Rata ne me trouve plus à son goût ! »

Et cela ne parut que trop, lorsque le vaniteux Rata entra dans la cour. Mais aussi quel beau paon ! Il agite sa légère et mobile aigrette, peinte des plus brillantes couleurs. Il hérisse son plumage, qui semble brodé de fleurs et chargé de pierres précieuses. Il déploie largement le superbe éventail de ses plumes et les barbes soyeuses qui recouvrent ses pennes caudales. Comment cet admirable oiseau pourrait-il s'abaisser jusqu'à cette oie si peu attrayante sous son duvet gris cendré et son manteau brun ?

« Mon cher Rata ! dit-elle.

— Qui ose prononcer mon nom ? réplique le paon.

— Moi !

— Une oie ! Quelle est cette oie ?..

— Je suis votre Ratane !

— Ah ! fi ! quelle horreur ! Passez chemin, je vous prie ! »

Vraiment la vanité fait dire des sottises.

C'est que l'exemple lui venait de haut, à cet orgueilleux. Est-ce que sa maîtresse Ratonne montrait plus de bon sens ? Est-ce qu'elle ne traitait pas aussi dédaigneusement son époux ?

Et, précisément, la voilà qui fait son entrée, accompagnée de son mari, de sa fille, de Ratin et du cousin Raté.

Ratine est ravissante en colombe, avec son plumage cendré bleuâtre, le dessous de son cou vert doré, à nuances changeantes, sa poitrine d'un roux vénitien, et la délicate tache blanche qui la marque à chaque aile.

Aussi, comme Ratin la dévore des yeux ! Et quel mélodieux ron-ron elle fait entendre en voletant autour du beau jeune homme !

Le père Raton, appuyé sur sa béquille, regardait sa fille avec admiration. Comme il la trouvait belle! Mais, ce qui est certain, c'est que dame Ratonne se trouvait plus belle encore.

Ah! que la nature avait bien fait de la métamorphoser en perruche! Elle bavardait, elle bavardait! Elle étageait sa queue à rendre jaloux dom Rata lui-même. Si vous l'aviez vue, quand elle se plaçait dans un rayon de soleil pour faire miroiter le duvet jaune de son cou, lorsqu'elle agitait ses plumes vertes et ses remiges bleuâtres! C'était, en vérité, un des plus admirables spécimens des perruches de l'Orient.

« Eh bien, es-tu contente de ta destinée, bobonne? lui demanda Raton.

— Il n'y a plus ici de bobonne! répondit-elle d'un ton sec. Je vous prie de mesurer vos expressions et de ne pas oublier la distance qui nous sépare maintenant!

— Moi! ton mari?..

— Un rat, le mari d'une perruche! Vous êtes fou, mon cher! »

Et dame Ratonne de se rengorger, tandis que Rata se pavanait près d'elle.

Raton fit un petit signe d'amitié à sa servante, qui n'avait point démérité à ses yeux. Puis il se dit :

« Ah! les femmes! les femmes! Les voyez-vous, lorsque la vanité leur tourne la tête, — et même quand elle ne la leur tourne pas! Mais, soyons philosophe! »

Et, pendant cette scène de famille, que devenait le cousin Raté avec cet appendice qui n'appartient même pas à son espèce? Après avoir été rat avec une queue de merlan, être héron avec une queue de rat! Si cela continuait de la sorte, à mesure qu'il s'élèverait dans l'échelle des êtres, ce serait déplorable! Aussi, demeurait-il là, dans un coin de la cour, perché sur une patte, ainsi que le font les hérons pensifs, montrant le devant de son corps dont la blancheur se relevait de petites lames noires, son plumage cendré, et sa huppe mélancoliquement rabattue en arrière.

Il fut alors question de continuer le voyage, afin d'amirer le pays dans toute sa bauté.

Mais dame Ratonne n'admirait qu'elle, et dom Rata n'admirait que lui. Ni l'un ni l'autre ne regardaient ces incomparables paysages, leur préférant villes et bourgades, afin d'y déployer leurs grâces.

Enfin, on discutait là-dessus, lorsqu'un nouveau personnage parut à la porte du caravansérail.

C'était un de ces guides du pays, vêtu à la mode hindoue, qui venait offrir ses services aux voyageurs.

« Mon ami, lui demanda Raton, qu'y a-t-il de curieux à voir ?

— Une merveille sans égale, répondit le guide, c'est le grand sphinx du désert.

— Du désert! fit dédaigneusement dame Ratonne.

— Nous ne sommes point venus pour visiter un désert, ajouta dom Rata.

— Oh! répondit le guide, un désert qui n'en sera plus un aujourd'hui; car c'est la fête du sphinx, et on vient l'adorer de tous les coins du monde. »

Cela était bien pour engager nos vaniteux volatiles à lui rendre visite. Peu importait, d'ailleurs, à Ratine et à son fiancé en quel endroit on les conduirait, pourvu qu'ils y allassent ensemble. Quant au cousin Raté et à la bonne Ratane, c'est précisément au fond d'un désert qu'ils eussent voulu se réfugier.

« En route, dit dame Ratonne.

— En route, » répondit le guide.

Un instant après, tous avaient quitté le caravansérail, sans se douter que ce guide fût l'enchanteur Gardafour, méconnaissable sous son déguisement, et qui les attirait dans un nouveau piège.

X

Quel superbe sphinx, infiniment plus beau que ces sphinx d'Égypte, si célèbres pourtant! Celui-là s'appelait le sphinx de Romiradour, et c'était la huitième merveille de l'univers.

La famille Raton venait d'arriver à la lisière d'une vaste plaine, entourée de forêts épaisses, que dominait en arrière une chaîne de montagnes revêtues de neiges éternelles.

Au milieu de cette plaine, figurez-vous un animal taillé dans le marbre. Il est couché sur l'herbe, la face droite, les pattes de devant croisées l'une sur l'autre, le corps allongé comme une colline. Il mesure au moins cinq cents pieds de longueur sur cent de large, et sa tête s'élève à quatre-vingts pieds au-dessus du sol.

Ce sphinx a bien l'air indéchiffrable qui distingue ses confrères. Jamais il n'a livré le secret qu'il garde depuis des milliers de siècles. Et cependant son vaste cerveau est ouvert à quiconque veut le visiter. On y pénètre par une porte ménagée entre les pattes. Des escaliers intérieurs donnent accès à ses yeux, à ses oreilles, à son nez, à sa bouche, et jusque dans cette forêt de cheveux qui hérisse son crâne.

Au surplus, pour bien vous rendre compte de l'énormité de ce monstre, sachez que dix personnes tiendraient à l'aise dans l'orbite de ses yeux, trente dans le pavillon de ses oreilles, quarante entre les cartilages de son nez, soixante dans sa bouche, où l'on pourrait donner un bal, et une centaine dans sa chevelure touffue comme une forêt d'Amérique. Aussi, de partout vient-on, non pas le consulter, puisqu'il ne veut rien répondre, de peur de se tromper, mais le visiter comme on fait de la statue de saint-Charles, dans une des îles du lac Majeur.

On me permettra, mes chers enfants, de ne pas insister davantage sur la description de cette merveille qui fait honneur au génie de l'homme. Ni les pyramides d'Égypte, ni les jardins suspendus de Babylone, ni le colosse de Rhodes, ni le phare d'Alexandrie, ni la tour Eiffel, ne peuvent lui être comparés. Lorsque les géographes seront enfin fixés sur le pays où se trouve le grand sphinx de Romiradour, je compte bien que vous irez lui rendre visite pendant vos vacances.

Mais Gardafour le connaissait, lui, et c'est là qu'il conduisait la famille Raton. En lui disant qu'il y avait grand concours de populaire dans le pays, il l'avait indignement trompée. Voilà qui allait singulièrement contrarier le paon et la perruche ! Du superbe sphinx ils ne se souciaient guère.

Comme vous le pensez, il y avait eu un plan arrêté entre l'enchanteur et le prince Kissador. Aussi le prince était-il là, sur la lisière d'une forêt voisine, avec une centaine de ses gardes. Dès que la famille Raton aurait pénétré dans le sphinx, on l'y prendrait comme en une ratière. Si cent hommes ne parvenaient pas à s'emparer de cinq oiseaux, d'un rat et d'un jeune amoureux, c'est que ceux-ci seraient protégés par quelque puissance surnaturelle.

En les attendant, le prince allait et venait. Il donnait les signes de la plus vive impatience. Avoir été vaincu dans ses entreprises contre la belle Ratine ! Ah ! quelle vengeance il eût tiré de cette famille si Gardafour avait recouvré son pouvoir ! Mais l'enchanteur était encore réduit à l'impuissance pour quelques semaines.

Enfin, cette fois, toutes les mesures avaient été si bien prises, que vraisemblablement, ni Ratine, ni les siens n'échapperaient aux machinations de leur persécuteur.

En ce moment, Gardafour se montra en tête de la petite caravane, et le prince, entouré de ses gardes, se tint prêt à intervenir.

XI

Le père Raton marchait d'un bon pas, malgré sa goutte. La colombe, décrivant de grands cercles dans l'espace, venait de temps en temps se poser sur l'épaule de Ratin. La perruche, voltigeant d'arbre en arbre, s'élevait pour tâcher d'apercevoir la foule promise. Le paon tenait sa queue soigneusement repliée, pour ne pas la déchirer aux épines, tandis que Ratane se dandinait sur ses larges pattes. Derrière eux le héron, bec baissé, frappait rageusement l'air de sa queue de rat. Il avait bien essayé de la fourrer dans sa poche, je veux dire sous son aile, mais il avait dû y renoncer, parce que celle-ci était trop courte.

Enfin, les voyageurs arrivèrent au pied du sphinx. Jamais ils n'avaient rien vu de si beau.

Cependant dame Ratonne et dom Rata interrogeaient le guide, disant :

« Et ce grand concours de monde que vous nous avez promis ?

— Dès que vous aurez atteint la tête du monstre, répondit l'enchanteur, vous dominerez la foule, et vous serez vus de plusieurs lieues à la ronde.

— Eh bien, entrons vite !

— Entrons. »

Tous pénétrèrent à l'intérieur, sans défiance. Ils ne s'aperçurent même pas que le guide était resté en dehors, après avoir refermé sur eux la porte ménagée entre les pattes du gigantesque animal.

Au dedans régnait une demi-clarté, qui se glissait par les ouvertures de la face, le long des escaliers intérieurs. Après quelques instants, on put voir Raton se promenant entre les lèvres du sphinx, dame Ratonne voletant sur le bout du nez où elle se livrait aux plus coquets ébats, dom Rata au sommet du crâne, faisant une roue à éclipser les rayons du soleil.

Le jeune Ratin et la jeune Ratine étaient placés dans le pavillon de l'oreille droite, où ils se chuchotaient les plus douces choses.

Dans l'œil droit se tenait Ratane, dont on ne pouvait apercevoir le modeste plumage; dans l'œil gauche, le cousin Raté, dissimulant de son mieux sa queue lamentable.

De ces divers points de la face, la famille Raton se trouvait heureusement postée pour contempler le splendide panorama qui se déroulait jusqu'aux extrêmes limites de l'horizon.

Le temps était superbe, pas un seul nuage au ciel, pas une vapeur à la surface du sol.

Soudain une masse animée se dessine sur la lisière de la forêt. Elle s'avance, elle s'approche. Est-ce donc la foule des adorateurs du sphinx de Romiradour?

Non! Ce sont des gens armés de piques, de sabres, d'arcs, d'arbalètes, marchant en peloton serré. Ils ne peuvent avoir que de mauvais desseins.

En effet, le prince Kissador est à leur tête, suivi de l'enchanteur, qui a quitté ses vêtements de guide. La famille Raton se sent perdue, à moins que ceux de ses membres qui ont des ailes ne s'envolent à travers l'espace.

« Fuis, ma chère Ratine, lui crie son fiancé. Fuis !.. Laisse-moi aux mains de ces misérables !

— T'abandonner... Jamais ! » répond Ratine.

Et, d'ailleurs, c'eût été trop imprudent. Une flèche aurait pu percer la colombe, et aussi la perruche, le paon, l'oie, le héron. Mieux valait se cacher dans les profondeurs du sphinx. Peut-être réussirait-on à s'échapper quand la nuit serait venue, à se sauver par quelque issue secrète, sans rien craindre des arbalétriers du prince.

Ah ! combien il était regrettable que la fée Firmenta n'eût pas accompagné ses protégés au cours de ce voyage !

Cependant le beau jeune homme avait eu une idée, et très

simple, comme toutes les bonnes idées : c'était de barricader la
porte à l'intérieur, et c'est ce qui fut fait sans retard.

Il était temps, car le prince Kissador, Gardafour et les gardes,
arrêtés à quelques pas du sphinx, interpellaient les prisonniers
pour les sommer de se rendre.

Un « non ! » bien accentué, qui sortit des lèvres du monstre,
ce fut la seule réponse qu'ils obtinrent.

Alors, les gardes de se précipiter vers la porte, et, comme ils
l'assaillirent avec d'énormes quartiers de roches, il fut manifeste
qu'elle ne tarderait pas à céder.

Mais, voici qu'une légère vapeur enveloppe la chevelure du
sphinx, et, se dégageant de ses dernières volutes, la fée Firmenta
apparaît debout sur la tête du sphynx de Romiradour.

A cette miraculeuse apparition, les gardes reculent. Mais Gardafour parvient à les ramener à l'assaut, et les ais de la porte
commencent à s'ébranler sous leurs coups.

En ce moment, la fée abaisse vers le sol la baguette qui
tremble dans sa main.

Quelle irruption inattendue se fait à travers la porte disjointe !

Une tigresse, un ours, une panthère, se précipitent sur les
gardes. La tigresse, c'est Ratonne, avec son pelage fauve. L'ours,
c'est Rata, le poil hérissé, les griffes ouvertes. La panthère, c'est
Ratane, qui bondit effroyablement. Cette dernière métamorphose
a changé les trois volatiles en bêtes féroces.

En même temps, Ratine s'est transformée en une biche élégante, et le cousin Raté a pris la forme d'un baudet, qui brait
avec une voix terrible. Mais — voyez le mauvais sort ! — il a conservé sa queue de héron, et c'est une queue d'oiseau qui pend à
l'extrémité de sa croupe ! Décidément il est impossible de fuir
sa destinée.

A la vue des trois formidables fauves, les gardes n'ont pas
hésité un instant ; ils ont détalé comme s'ils avaient le feu à

leurs trousses. Rien n'aurait pu les retenir, d'autant plus que le prince Kissador et Gardafour leur ont donné l'exemple. D'être dévorés vivants, cela ne leur convenait pas, paraît-il.

Mais, si le prince et l'enchanteur ont pu gagner la forêt, quelques-uns de leurs gardes ont été moins heureux. La tigresse, l'ours et la panthère étaient parvenus à leur barrer la route. Aussi les pauvres diables ne songèrent-ils qu'à chercher refuge à l'intérieur du sphinx, et bientôt on les vit allant et venant dans sa vaste bouche.

Pour une mauvaise idée, c'était une mauvaise idée, et lorsqu'ils le reconnurent, il était trop tard.

En effet, la fée Firmenta étend de nouveau sa baguette, et des hurlements épouvantables se propagent comme les éclats de la foudre à travers l'espace.

Le sphinx vient de se changer en lion.

Et quel lion ! Sa crinière se hérisse, ses yeux jettent des flammes, ses mâchoires s'ouvrent, se ferment et commencent leur œuvre de mastication... Un instant après, les gardes du prince Kissador ont été broyés par les dents du formidable animal.

Alors la fée Firmenta saute légèrement sur le sol. A ses pieds viennent ramper la tigresse, l'ours, la panthère, comme font les animaux féroces aux pieds de la dompteuse qui les tient sous son regard.

C'est depuis cette époque que le sphinx est devenu le lion de Romiradour.

XII

Un certain temps s'est écoulé. La famille Raton a définitivement conquis la forme humaine, — sauf le père qui, toujours aussi goutteux que philosophe, est resté rat. A sa place, d'autres se seraient dépités, ils auraient crié à l'injustice du sort, maudit

QUELLE IRRUPTION INATTENDUE SE FAIT A TRAVERS LA PORTE DISJOINTE ! (Page 35.)

l'existence. Lui se contentait de sourire, heureux, disait-il, de n'avoir rien à changer à ses habitudes.

Quoi qu'il en soit, tout rat qu'il est, c'est un riche seigneur. Comme sa femme n'eût point consenti à habiter son vieux fromage de Ratopolis, c'est dans une grande cité, la capitale d'un pays encore inconnu, qu'il occupe un palais somptueux, sans en être plus fier pour cela. La fierté, ou plutôt la vanité, il la laisse à dame Ratonne, devenue duchesse. Il faut la voir se promener dans ses appartements dont elle finira par user les glaces à force de s'y regarder!

Ce jour-là, du reste, le duc Raton a brossé son poil avec le plus grand soin, et fait autant de toilette qu'on en peut attendre d'un rat. Quant à la duchesse, elle s'est parée de ses plus beaux atours : robe à ramages, où se mélangent le velours frappé, le crêpe de Chine, le surah, la peluche, le satin, le brocard et la moire; corsage à la Henri II; traîne brodée de jais, de saphirs et de perles, longue de plusieurs aunes, remplaçant les diverses queues qu'elle portait avant d'être femme; diamants qui jettent des feux étincelants; dentelles que l'habile Arachné n'aurait pu faire ni plus fines, ni plus riches; chapeau Rembrandt, sur lequel s'étage un parterre de fleurs; enfin, tout ce qu'il y a de plus à la mode.

Mais, demanderez-vous, pourquoi ce luxe d'ajustement? Le voici :

C'est aujourd'hui que l'on va célébrer, dans la chapelle du palais, le mariage de la charmante Ratine avec le prince Ratin. Oui, il est devenu prince, pour plaire à sa belle-mère. — Et comment? — En achetant une principauté. — Bon! Les principautés, bien qu'elles soient en baisse, doivent coûter assez cher!.. — Sans doute! Aussi Ratin a-t-il consacré à cette acquisition une partie du prix de la perle, — vous n'avez point oublié, la fameuse perle, trouvée dans l'huitre de Ratine, qui valait plusieurs millions!

Il est donc riche. Pourtant ne croyez pas que la richesse ait modifié ses goûts ni ceux de sa fiancée qui va devenir princesse en l'épousant. Non! Bien que sa mère soit duchesse, elle est toujours la jeune fille modeste que vous connaissez, et le prince Ratin en est plus épris que jamais. Elle est si belle dans sa toilette blanche, enguirlandée de fleurs d'oranger !

Il va sans dire que la fée Firmenta est venue assister à ce mariage, qui est un peu son œuvre.

C'est donc un grand jour pour toute la famille. Aussi dom Rata est-il superbe. En sa qualité d'ex-cuisinier, il est devenu homme politique. Rien de beau comme son habit de pair, qui a dû lui coûter gros, car, en le retournant, on peut en faire un habit de sénateur, — ce qui est très avantageux.

Ratane, elle, n'est plus une oie, à sa grande satisfaction : c'est une dame pour accompagner. Son époux s'est fait pardonner ses dédaigneuses manières d'autrefois. Il lui est revenu tout entier, et se montre même un peu jaloux des seigneurs qui papillonnent autour de son épouse.

Quant au cousin Raté... Mais il va entrer tout à l'heure, et vous pourrez le contempler à votre aise.

Les invités sont réunis dans le grand salon constellé de lumières, embaumé du parfum des fleurs, orné des meubles les plus riches, drapé de tentures comme on n'en fait plus de nos jours.

On est venu des environs pour assister au mariage du prince Ratin. Les grands seigneurs, les grandes dames, ont voulu faire cortège à ce couple charmant. Un majordome annonce que tout est prêt pour la cérémonie. Alors se forme le plus merveilleux cortège que l'on puisse voir, et qui se dirige vers la chapelle, tandis qu'une harmonieuse musique se fait entendre.

Il ne fallut pas moins d'une heure pour le défilé de ces importants personnages. Enfin, dans un des derniers groupes, paraît le cousin Raté.

Un joli jeune homme, ma foi, une vraie gravure de mode ; manteau de cour, chapeau orné d'une magnifique plume qui balaie le sol à chaque salut.

Le cousin est marquis, s'il vous plaît, et ne fait point tache dans la famille. Il a fort bonne mine, il se présente avec grâce. Aussi les compliments ne lui manquent-ils pas, et il les reçoit non sans une certaine modestie. On peut observer, toutefois, que sa physionomie est empreinte de quelque tristesse, son attitude légèrement embarrassée. Il baisse volontiers les yeux et détourne son regard de ceux qui l'approchent. Pourquoi cette réserve? N'est-il pas homme maintenant, et autant que n'importe quel duc ou prince de la cour ?

Le voilà donc qui s'avance à son rang dans le cortège, marchant d'un pas rythmé, un pas de cérémonie, et, arrivé à l'angle du salon, il se retourne... Horreur!..

Entre les pans de son habit, sous son manteau de cour, passe une queue, une queue de baudet! En vain cherche-t-il à dissimuler ce honteux reste de la forme précédente!.. Il est dit qu'il ne s'en débarrassera jamais !

Voilà, mes chers enfants : lorsque l'on commence mal la vie, il est bien difficile de reprendre la bonne route. Le cousin est homme désormais. Il a atteint le haut de l'échelle. Il n'a plus à compter sur une nouvelle métamorphose qui le délivrerait de cette queue. Il la gardera jusqu'à son dernier soupir...

Pauvre cousin Raté !

XIII

C'est ainsi que fut célébré le mariage du prince Ratin et de la princesse Ratine, avec une extrême magnificence, digne de ce beau jeune homme et de cette belle jeune fille, si bien faits l'un pour l'autre !

Au retour de la chapelle, le cortège revint dans le même ordre, et toujours le même comme il faut, la même correction dans son allure, enfin une noblesse d'attitude qui ne se rencontre à un tel degré que dans les hautes classes, paraît-il.

Si on objecte que tous ces seigneurs ne sont pourtant que des parvenus ; qu'en vertu des lois de la métempsycose, ils ont passé par de bien humbles phases ; qu'ils ont été des mollusques sans esprit, des poissons sans intelligence, des volatiles sans cervelle, des quadrupèdes sans raisonnement, je répondrai qu'on ne s'en douterait guère à les voir si convenables. D'ailleurs, les belles manières, cela s'apprend comme l'histoire ou la géographie. Toutefois, en songeant à ce qu'il a pu être dans le passé, l'homme ferait mieux de se montrer plus modeste, et l'humanité y gagnerait.

Après la cérémonie du mariage, il y eut un repas splendide dans la grande salle du palais. Dire que l'on y mangea de l'ambroisie apprêtée par les premiers cuisiniers du siècle, que l'on y but du nectar puisé aux meilleures caves de l'Olympe, ce ne serait pas assez.

Enfin, la fête se termina par un bal où de jolies bayadères et de gracieuses almées, vêtues de leurs costumes orientaux, vinrent émerveiller l'auguste assemblée.

Le prince Ratin, comme il convient, avait ouvert le bal avec la princesse Ratine, dans un quadrille où la duchesse Ratonne figurait au bras d'un seigneur de sang royal. Dom Rata y prenait part en compagnie d'une ambassadrice, et Ratane y fut conduite par le propre neveu d'un Grand Électeur.

Quant au cousin Raté, il hésita longtemps à payer de sa personne. Bien qu'il lui en coûtât de se tenir à l'écart, il n'osait inviter les femmes charmantes auxquelles il eût été si heureux d'offrir son bras, à défaut de sa main. Enfin, il se décida à faire danser une délicieuse comtesse, d'une remarquable distinction. Cette aimable femme accepta... un peu légèrement, peut-être, et voilà le couple lancé dans le tourbillon d'une valse de Gung'l.

Ah! quel effet! La place ne fut bientôt plus tenable! Vainement le cousin Raté avait voulu ramasser sous son bras sa queue de baudet, comme les valseuses font de leur traine. Cette queue, emportée par le mouvement centrifuge, lui échappa. Et alors, la voilà qui se détend comme une lanière, qui cingle les groupes dansants, qui s'entortille à leurs jambes, qui provoque les chutes les plus compromettantes, et amène enfin celle du marquis Raté et de la délicieuse comtesse.

Il fallut l'emporter, à demi pâmée de honte, pendant que le cousin s'enfuyait à toutes jambes!

Ce burlesque épisode termina la fête, et chacun se retira au moment où le bouquet d'un feu d'artifice développait sa gerbe éblouissante dans les profondeurs de la nuit.

XIV

La chambre du prince Ratin et de la princesse Ratine est certainement l'une des plus belles du palais. Le prince ne la considère-t-il pas comme l'écrin de l'inestimable joyau qu'il possède? C'est là que les jeunes époux vont être conduits en grand apparat.

Mais, avant qu'ils n'y aient été introduits, deux personnages ont pu pénétrer dans cette chambre.

Or, ces deux personnages, vous l'avez deviné, sont le prince Kissador et l'enchanteur Gardafour.

Et voici les propos qu'ils échangent:

« Tu sais ce que tu m'as promis, Gardafour!

— Oui, mon prince, et, cette fois, rien ne pourra m'empêcher d'enlever Ratine pour votre Altesse.

— Et quand elle sera la princesse de Kissador, je crois qu'elle n'aura pas lieu de le regretter!

— C'est bien mon avis, répond ce flatteur de Gardafour.

— Tu es sûr de réussir, aujourd'hui ? reprend le prince.

— Jugez-en ! répond Gardafour, en tirant sa montre. Dans trois minutes, le temps pendant lequel j'ai été privé de mon pouvoir d'enchanteur sera écoulé. Dans trois minutes, ma baguette sera redevenue aussi puissante que celle de la fée Firmenta. Si Firmenta a pu élever les membres de cette famille Raton jusqu'au rang des êtres humains, moi je puis les faire redescendre au rang des plus vulgaires animaux !

— Bien, Gardafour ; mais j'entends que Ratin et Ratine ne restent pas en tête-à-tête dans cette chambre un seul instant...

— Ils n'y resteront pas, si j'ai recouvré tout mon pouvoir avant qu'ils n'y arrivent !

— De combien de temps s'en faut-il encore ?

— De deux minutes !..

— Les voilà, s'écrie le prince.

— Je vais me cacher dans ce cabinet, répond Gardafour, et j'apparaitrai dès qu'il en sera temps. Vous, mon prince, retirez-vous ; mais demeurez derrière cette grande porte, et ne l'ouvrez qu'au moment où je crierai : « A toi, Ratin ! »

— C'est convenu, et, surtout, n'épargne pas mon rival !

— Vous serez satisfait. »

On voit quel danger menace encore cette honnête famille, si éprouvée déjà, et qui ne peut se douter que le prince et l'enchanteur soient si près !

XV

Les jeunes époux viennent d'être conduits dans leur chambre en grand apparat. Le duc et la duchesse Raton les accompagnent avec la fée Firmenta qui n'a pas voulu quitter le beau jeune homme et la belle jeune fille dont elle a protégé les amours. Ils n'ont plus rien à craindre du prince Kissador, ni de l'enchanteur

Gardafour, qu'on n'a jamais vus dans le pays. Et cependant, la fée éprouve une certaine inquiétude, un pressentiment secret. Elle sait que Gardafour est sur le point de recouvrer sa puissance d'enchanteur, et cela ne laisse pas que de l'inquiéter.

Il va sans dire que Ratane est là, offrant ses services à sa jeune maîtresse, et aussi dom Rata, qui n'abandonne plus sa femme, et aussi le cousin Raté, bien que, en ce moment, la vue de celle qu'il aime doive lui briser le cœur.

Cependant la fée Firmenta, toujours anxieuse, n'a qu'une hâte : c'est de voir si Gardafour n'est pas caché quelque part, derrière un rideau, sous un meuble... Elle regarde... Personne !

Aussi, maintenant que le prince Ratin et la princesse Ratine vont rester dans cette chambre, où ils seront bien seuls, reprend-elle tout à fait confiance.

Soudain une porte latérale s'ouvre brusquement, au moment où la fée disait au jeune couple :

« Soyez heureux !

— Pas encore ! » crie une voix terrible.

Gardafour vient d'apparaître, la baguette magique frémissant dans sa main. Firmenta ne peut plus rien pour cette malheureuse famille !

La stupeur les a frappés tous. Ils sont d'abord comme immobilisés, puis ils se reculent en groupe, se pressant autour de la fée, de manière à faire face au redoutable Gardafour.

» Bonne fée, répètent-ils, est-ce que vous nous abandonnez !.. Bonne fée, protégez-nous !

— Firmenta, répond Gardafour, tu as épuisé ton pouvoir pour les sauver, et j'ai retrouvé le mien tout entier pour les perdre ! Maintenant, ta baguette ne peut plus rien pour eux, tandis que la mienne !.., »

Et ce disant, Gardafour l'agite, elle décrit des ronds, elle siffle à travers l'air, comme si elle était douée d'une existence surnaturelle.

Raton et les siens ont compris que la fée est désarmée, puisqu'elle ne peut plus les garantir par une métamorphose supérieure.

« Fée Firmenta, s'écrie Gardafour, tu en as fait des humains ! Eh bien, moi, je vais en faire des brutes !

— Grâce ! grâce ! murmure Ratine, en tendant ses mains vers l'enchanteur.

— Pas de grâce ! répond Gardafour. Le premier de vous qui va être touché par ma baguette sera changé en singe ! »

Cela dit, Gardafour marche sur le groupe infortuné, qui se disperse à son approche.

Si vous les aviez vus courir à travers la chambre, d'où ils ne peuvent s'enfuir, car les portes sont fermées, Ratin entraînant Ratine, cherchant à lui faire un rempart de son corps sans songer au péril qui le menace.

Oui ! péril pour lui-même, car l'enchanteur vient de s'écrier :

« Quant à toi, beau jeune homme, Ratine ne te regardera bientôt plus qu'avec dégoût ! »

A ces mots, Ratine tombe évanouie dans les bras de sa mère, et Ratin fuit du côté de la grande porte, tandis que Gardafour se précipite vers lui :

« A toi, Ratin ! » s'écrie-t-il.

Et il se fend en lui portant un coup de baguette, comme il eût fait d'une épée...

A cet instant, la grande porte s'ouvre, le prince paraît, et c'est lui qui reçoit le coup destiné au jeune Ratin...

Le prince Kissador a été touché par la baguette... Il n'est plus qu'un horrible chimpanzé !

A quelle fureur il s'abandonne alors ! Lui, si vain de sa beauté, si plein de morgue et de jactance, maintenant un singe avec une face grimaçante, des oreilles longues comme ça, un museau proéminent, des bras qui lui descendent jusqu'aux genoux, un nez écrasé, une peau jaunâtre dont les poils se hérissent !

LA FAMILLE RATON.

Le prince Kissador n'est plus qu'un horrible chimpanzé... (Page 44.

Une glace est là sur un des panneaux de la chambre. Il se regarde!.. Il pousse un cri terrible!.. Il fond sur Gardafour, stupéfait de sa maladresse!.. Il le saisit par le cou, et l'étrangle de son vigoureux bras de chimpanzé.

Alors le parquet s'entr'ouvre, ainsi que cela se fait de tradition dans toutes les féeries, une vapeur s'en échappe, et le méchant Gardafour disparait au milieu d'un tourbillon de flammes.

Puis le prince Kissador pousse une fenêtre, la franchit d'une gambade et va rejoindre ses semblables dans la forêt voisine.

XVI

Et alors, je ne surprendrai personne en disant que tout cela finit dans une apothéose, au milieu d'un éblouissant décor, pour la complète satisfaction de la vue, de l'ouïe, de l'odorat, et même du goût. L'œil admire les plus beaux sites du monde, sous un ciel de l'Orient. L'oreille s'emplit d'harmonies paradisiaques. Le nez aspire des parfums enivrants, distillés par des milliards de fleurs. Les lèvres se parfument d'un air chargé de la saveur des fruits les plus délicieux.

Enfin toute l'heureuse famille est dans l'extase, à ce point que Raton, le père Raton lui-même ne sent plus sa goutte. Il est guéri et envoie au diable sa bonne béquille !

« Et ! s'écrie la duchesse Ratonne, vous n'êtes donc plus goutteux, mon cher ?

— Il paraît, dit Raton, et me voilà débarrassé...

— Mon père ! s'écrie la princesse Ratine.

— Ah ! monsieur Raton !.. ajoutent Rata et Ratane.

Aussitôt la fée Firmenta s'avance, disant :

— En effet, Raton, il ne dépend plus que de vous maintenant de devenir un homme, et, si vous le voulez, je puis...

— Homme, madame la fée ?..

— Eh oui ! riposte dame Ratonne, homme et duc, comme je suis femme et duchesse !..

— Ma foi, non ! répond notre philosophe. Rat je suis et rat je demeurerai. Cela est préférable, à mon sens, et, comme le disait ou le dira le poète Ménandre, chien, cheval, bœuf, âne, tout vaut mieux que d'être homme, ne vous en déplaise ! »

XVII

Voilà, mes chers enfants, quel est le dénouement de ce conte. La famille Raton n'a plus rien à craindre désormais, ni de Gardafour, étranglé par le prince Kissador, ni du prince Kissador.

Il s'ensuit donc qu'ils vont être maintenant très heureux, et goûter ce qu'on appelle un bonheur sans mélange.

D'ailleurs la fée Firmenta éprouve pour eux une véritable affection, et ne doit pas leur épargner ses bienfaits.

Seul, le cousin Raté a quelque droit de se plaindre, puisqu'il n'est pas arrivé à une métamorphose complète. Il ne peut se résigner, et cette queue de baudet fait son désespoir. En vain veut-il la dissimuler... Elle passe toujours !

Pour ce qui est du bonhomme Raton, il sera rat pendant toute sa vie, en dépit de la duchesse Ratane, qui lui reproche sans cesse son refus inconvenant de s'élever jusqu'au rang des humains. Et, quand l'acariâtre grande dame l'assomme par trop de ses récriminations, il se contente de répéter, en lui appliquant le mot du fabuliste :

« Ah ! les femmes ! les femmes ! De belles têtes souvent, mais de cervelles, point ! »

Quant au prince Ratin et à la princesse Ratine, ils furent très heureux et eurent beaucoup d'enfants.

C'est ainsi que finissent généralement les contes de fées, et je m'en tiens à cette manière, parce que c'est la bonne.

M. RÉ-DIÈZE ET Mlle MI-BÉMOL (¹).

I

Nous étions une trentaine d'enfants à l'école de Kalfermatt, une vingtaine de garçons entre six et douze ans, une dizaine de filles entre quatre et neuf ans. Si vous désirez savoir où se trouve exactement cette bourgade, c'est, d'après ma Géographie (p. 47), dans un des cantons catholiques de la Suisse, pas loin du lac de Constance, au pied des montagnes de l'Appenzell.

(¹) Paru pour la première fois dans le *Figaro illustré* de décembre 1893.

« Eh! donc, vous là-bas, Joseph Müller?

— Monsieur Valrügis?.. répondis-je.

— Qu'est-ce que vous écrivez pendant que je fais la leçon d'histoire?

— Je prends des notes, Monsieur.

— Bien. »

La vérité est que je dessinais un bonhomme, tandis que le maitre nous racontait pour la millième fois l'histoire de Guillaume Tell et du farouche Gessler. Personne ne la possédait comme lui. Le seul point qui lui restât à élucider était celui-ci : A quelle espèce, reinette ou calville, appartenait la pomme historique que le héros de l'Helvétie avait placée sur la tête de son fils, pomme aussi discutée que celle dont notre mère Ève dépouilla l'arbre du bien et du mal?

Le bourg de Kalfermatt est agréablement situé au fond d'une de ces dépressions qu'on appelle « van », creusée sur le côté d'avers de la montagne, celui que les rayons du soleil ne peuvent atteindre l'été. L'école, ombragée de larges frondaisons, à l'extrémité du bourg, n'a point l'aspect farouche d'une usine d'instruction primaire. Elle est gaie d'aspect, en bon air, avec une vaste cour plantée, un préau pour la pluie, et un petit clocher où la cloche chante comme un oiseau dans les branches.

C'est M. Valrügis qui tient l'école, de compte à demi avec sa sœur Lisbeth, une vieille fille plus sévère que lui. Tous deux suffisent à l'enseignement : lecture, écriture, calcul, géographie, histoire — histoire et géographie de la Suisse s'entend. Nous avons classe tous les jours, sauf le jeudi et le dimanche. On vient à huit heures avec son panier et des livres sous la boucle de la courroie; dans le panier, il y a de quoi manger à midi : du pain, de la viande froide, du fromage, des fruits, avec une demi-bouteille de vin coupé. Dans les livres, il y a de quoi s'instruire : des dictées, des chiffres, des problèmes. A quatre heures, on remporte chez soi le panier vide jusqu'à la dernière miette.

« ... Mademoiselle Betty Clère ?..
— Monsieur Valrügis ?.. répondit la fillette.
— Vous n'avez pas l'air de prêter attention à ce que je dicte. Où en suis-je, s'il vous plaît ?
— Au moment, dit Betty en balbutiant, où Guillaume refuse de saluer le bonnet...
— Erreur !.. Nous n'en sommes plus au bonnet, mais à la pomme, de quelque espèce qu'elle soit !..

Mlle Betty Clère, toute confuse, baissa les yeux, après m'avoir adressé ce bon regard que j'aimais tant.

« Sans doute, reprit ironiquement M. Valrügis, si cette histoire se chantait au lieu de se réciter, vous y prendriez plus de plaisir, avec votre goût pour les chansons ! Mais jamais un musicien n'osera mettre pareil sujet en musique ! »

Peut-être notre maître d'école avait-il raison ? Quel compositeur prétendrait faire vibrer de telles cordes !.. Et pourtant qui sait ?.. dans l'avenir ?..

Mais M. Valrügis continue sa dictée. Grands et petits, nous sommes tout oreilles. On aurait entendu siffler la flèche de Guillaume Tell à travers la classe... une centième fois depuis les dernières vacances.

II

Il est certain que M. Valbrügis n'assigne à l'art de la musique qu'un rang très inférieur. A-t-il raison ? Nous étions trop jeunes alors pour avoir une opinion là-dessus. Songez donc, je suis parmi les grands, et je n'ai pas encore atteint ma dixième année. Et pourtant, une bonne douzaine de nous aimait bien les chansons du pays, les vieux lieds des veillées, et aussi les hymnes des fêtes carillonnées, les antiennes de l'antiphonaire, lorsque l'orgue de l'église de Kalfermatt les accompagne. Alors les vitraux frémissent, les enfants de la maîtrise jettent leurs voix en fausset, les encensoirs se balancent, et il semble que les versets, les motets, les répons, s'envolent au milieu des vapeurs parfumées...

Je ne veux pas me vanter, c'est un mauvais sentiment, et quoique je fusse un des premiers de la classe, ce n'est pas à moi de le dire. Maintenant, si vous me demandez pourquoi, moi, Joseph Müller, fils de Guillaume Müller et de Marguerite Has, actuellement, après son père, maître de poste à Kalfermatt, on m'avait surnommé Ré-Dièze, et pourquoi Betty Clère, fille de Jean Clère et de Jenny Rose, cabaretier audit lieu, portait le surnom de Mi-Bémol, je vous répondrai : Patience, vous le saurez tout à l'heure. N'allez pas plus vite qu'il ne convient, mes enfants. Ce qui est certain, c'est que nos deux voix se mariaient admirablement, en attendant que nous fussions mariés l'un à l'autre. Et j'ai déjà un bel âge, mes enfants, à l'époque où j'écris cette histoire, sachant des choses que je ne savais pas alors — même en musique.

Oui ! M. Ré-Dièze a épousé Mlle Mi-Bémol, et nous sommes très heureux, et nos affaires ont prospéré avec du travail et de la conduite !.. Si un maître de poste ne savait pas se conduire, qui le saurait ?..

Donc, il y a quelque quarante ans, nous chantions à l'église, car il faut vous dire que les petites filles, comme les petits garçons, appartenaient à la manicanterie de Kalfermatt. On ne trouvait point cette coutume déplacée, et on avait raison. Qui s'est jamais inquiété de savoir si les séraphins descendus du ciel sont d'un sexe ou de l'autre ?

III

La maîtrise de notre bourgade avait grande réputation, grâce à son directeur, l'organiste Eglisak. Quel maître de solfège, et quelle habileté il mettait à nous faire vocaliser ! Comme il nous apprenait la mesure, la valeur des notes, la tonalité, la modalité, la composition de la gamme ! Très fort, très fort, le digne Eglisak. On disait que c'était un musicien de génie, un contrapontiste sans rival, et qu'il avait fait une fugue extraordinaire, une fugue à quatre parties.

Comme nous ne savions pas trop ce que c'était, nous le lui demandâmes un jour.

— Une fugue, répondit-il, en redressant sa tête en forme de coquille de contrebasse.

— C'est un morceau de musique ? dis-je.

— De musique transcendante, mon garçon.

— Nous voudrions bien l'entendre, s'écria un petit Italien, du nom de Farina, doué d'une jolie voix de haute-contre, et qui montait... montait... jusqu'au ciel.

— Oui, ajouta un petit Allemand, Albert Hoct, dont la voix descendait... descendait... jusqu'au fond de la terre.

— Allons, Monsieur Eglisak ?.. répétèrent les autres garçonnets et fillettes.

— Non, mes enfants. Vous ne connaîtrez ma fugue que lorsqu'elle sera achevée...

— Et quand le sera-t-elle ? demandai-je.

— Jamais. »

On se regarda, et lui de sourire finement.

« Une fugue n'est jamais achevée, nous dit-il. On peut toujours y ajouter de nouvelles parties. »

Donc, nous n'avions point entendu la fameuse fugue du profane Eglisak; mais il avait pour nous mis en musique l'hymne de saint Jean-Baptiste, vous savez ce psaume en vers, dont Gui d'Arrezo a pris les premières syllabes pour désigner les notes de la gamme :

> *Ut* queant laxis
> *Re*sonare fibris
> *Mi*ra gestorum
> *Fa*muli tuorum,
> *Sol*ve polluti,
> *La*bii reatum,
> *S*ancte *J*oannes.

Le *Si* n'existait pas à l'époque de Gui d'Arezzo. Ce fut en 1026 seulement qu'un certain Guido compléta la gamme par l'adjonction de la note sensible, et m'est avis qu'il a bien fait.

Vraiment, quand nous chantions ce psaume, on serait venu de loin, rien que pour l'entendre. Quant à ce qu'ils signifiaient, ces mots bizarres, personne ne le savait à l'école, pas même M. Valrügis. On croyait que c'était du latin, mais ce n'était pas sûr. Et, cependant, il paraît que ce psaume sera chanté au jugement dernier, et il est probable que le Saint-Esprit, qui parle toutes les langues, le traduira en langage édénique.

Il n'en reste pas moins que M. Eglisak passait pour être un grand compositeur. Par malheur, il était affligé d'une infirmité bien regrettable, et qui tendait à s'accroître. Avec l'âge, son oreille se faisait dure. Nous nous en apercevions, mais lui n'aurait pas voulu en convenir. D'ailleurs, afin de ne pas le chagriner, on criait quand on lui adressait la parole, et nos faussets parvenaient à faire vibrer son tympan. Mais l'heure n'était pas éloignée où il serait complètement sourd.

Cela arriva, un dimanche, à vêpres. Le dernier psaume des Complies venait d'être achevé, et Eglisak s'abandonnait sur l'orgue aux caprices de son imagination. Il jouait, il jouait, et cela n'en finissait pas. On n'osait pas sortir, crainte de lui faire de la peine. Mais voici que le souffleur, n'en pouvant plus, s'arrête. La respiration manque à l'orgue... Eglisak ne s'en est

PAS UN SON NE S'ÉCHAPPA... (PAGE 57.)

pas aperçu. Les accords, les arpèges se plaquent ou se déroulent sous ses doigts. Pas un son ne s'échappe, et cependant, dans son âme d'artiste, il s'entend toujours... On a compris : un malheur vient de le frapper. Nul n'ose l'avertir. Et pourtant le souffleur est descendu par l'étroit escalier de la tribune...

Eglisak ne cesse pas de jouer. Et toute la soirée ce fut ainsi, toute la nuit également, et, le lendemain encore, il promenait ses doigts sur le clavier muet. Il fallut l'entraîner... le pauvre homme se rendit compte enfin. Il était sourd. Mais cela ne l'empêcherait pas de finir sa fugue. Il ne l'entendrait pas, voilà tout.

Depuis ce jour, les grandes orgues ne résonnaient plus dans l'église de Kalfermatt.

IV

Six mois se passèrent. Vint novembre, très froid. Un manteau blanc couvrait la montagne et trainait jusque dans les rues. Nous arrivions à l'école le nez rouge, les joues bleues. J'attendais Betty au tournant de la place. Qu'elle était gentille sous sa capeline rabattue !

« C'est toi, Joseph ? disait-elle.

— C'est moi, Betty. Cela pince, ce matin. Enveloppe-toi bien ! Ferme ta pelisse...

— Oui, Joseph. Si nous courrions ?

— C'est cela. Donne-moi tes livres, je les porterai. Prends garde de t'enrhumer. Ce serait un vrai malheur de perdre ta jolie voix...

— Et toi, la tienne, Joseph ! »

C'eût été malheureux, en effet. Et, après avoir soufflé dans nos doigts, nous filions à toutes jambes pour nous réchauffer. Par bonheur, il faisait chaud dans la classe. Le poêle ronflait.

On n'y épargnait pas le bois. Il y en a tant, au pied de la montagne, et c'est le vent qui se charge de l'abattre. La peine de le ramasser seulement. Comme ces branches pétillaient joyeusement ! On s'empilait autour. M. Valrügis se tenait dans sa chaire, sa toque fourrée jusqu'aux yeux. Des pétarades éclataient, qui accompagnaient comme une arquebusade l'histoire de Guillaume Tell. Et je pensais que si Gessler ne possédait qu'un bonnet, il avait dû s'enrhumer pendant que le sien figurait au bout de la perche, si ces choses-là s'étaient passées l'hiver !

Et alors, on travaillait bien, la lecture, l'écriture, le calcul, la récitation, la dictée, et le maître était content. Par exemple, la musique chômait. On n'avait trouvé personne capable de remplacer le vieil Eglisak. Bien sûr, nous allions oublier tout ce qu'il nous avait appris ! Quelle apparence qu'il vint jamais à Kalfermatt un autre directeur de manicanterie ! Déjà le gosier se rouillait, l'orgue aussi, et cela coûterait des réparations, des réparations...

M. le Curé ne cachait point son ennui. Maintenant que l'orgue ne l'accompagnait plus, ce qu'il détonnait, le pauvre homme, surtout dans la préface de la messe ! Le ton baissait graduellement, et, quand il arrivait à *supplici confessione dicentes*, il avait beau chercher des notes sous son surplis, il n'en trouvait plus. Cela excitait à rire quelques-uns. Moi, cela me faisait pitié, — à Betty aussi. Rien de lamentable comme les offices à présent. A la Toussaint, il n'y avait eu aucune belle musique, et la Noël qui s'approchait avec ses *Gloria*, ses *Adeste Fideles*, ses *Exultet !*..

M. le Curé avait bien essayé d'un moyen. Ç'avait été de remplacer l'orgue par un serpent. Au moins, avec un serpent, il ne détonnerait plus. La difficulté ne consistait pas à se procurer cet instrument antédiluvien. Il y en avait un pendu au mur de la sacristie, et qui dormait là depuis des années. Mais où trouver le serpentiste ? Au fait, ne pourrait-on utiliser le souffleur d'orgue, maintenant sans ouvrage.

« Tu as du souffle ? lui dit un jour M. le Curé.

— Oui, répondit ce brave homme, avec mon soufflet, mais pas avec ma bouche.

— Qu'importe ! essaie pour voir...

— J'essaierai. »

Et il essaya, il souffla dans le serpent, mais le son qui en sortit était abominable. Cela venait-il de lui, cela venait-il de la bête en bois? Question insoluble. Il fallut donc y renoncer, et il était probable que la prochaine Noël serait aussi triste que l'avait été la dernière Toussaint. Car, si l'orgue manquait faute d'Eglisak, la maîtrise ne fonctionnait pas davantage. Personne pour nous donner des leçons, personne pour battre la mesure, c'est pourquoi les Kalfermattiens étaient désolés, lorsqu'un soir, la bourgade fut mise en révolution.

On était au 15 décembre. Il faisait un froid sec, un de ces froids qui portent les brises au loin. Une voix, au sommet de la montagne, arriverait alors jusqu'au village; un coup de pistolet tiré de Kalfermatt s'entendrait à Reischarden, et il y a une bonne lieue.

J'étais allé souper chez M. Clère un samedi. Pas d'école le lendemain. Quand on a travaillé toute la semaine, il est permis, n'est-ce pas, de se reposer le dimanche? Guillaume Tell a également le droit de chômer, car il doit être fatigué après huit jours passés sur la sellette de M. Valrügis.

La maison de l'aubergiste était sur la petite place, au coin à gauche, presque en face de l'église, dont on entendait grincer la girouette au bout de son clocher pointu. Il y avait une demi-douzaine de clients chez Clère, des gens de l'endroit, et, ce soir-là, il avait été convenu que Betty et moi, nous leur chanterions un joli nocturne de Salviati.

Donc, le souper achevé, on avait desservi, rangé les chaises, et nous allions commencer, lorsqu'un son lointain parvint à nos oreilles.

— Qu'est-ce que cela? dit l'un.

— On croirait que ça vient de l'église, répondit l'autre.

— Mais c'est l'orgue!..

— Allons donc! L'orgue jouerait tout seul?..

Cependant, les sons se propageaient nettement, tantôt *crescendo*, tantôt *diminuendo*, s'enflant parfois comme s'ils fussent sortis des grosses bombardes de l'instrument.

On ouvrit la porte de l'auberge, malgré le froid. La vieille église était sombre, aucune lueur ne perçait à travers les vitraux de la nef. C'était le vent, sans doute, qui se glissait par quelque hiatus de la muraille. Nous nous étions trompés, et la veillée allait être reprise, lorsque le phénomène se reproduisit avec une telle intensité que l'erreur ne fut pas possible.

— Mais on joue dans l'église! s'écria Jean Clère.

— C'est le diable, bien sûr, dit Jenny.

— Est-ce que le diable sait jouer de l'orgue? répliqua l'aubergiste.

— Et pourquoi pas? pensais-je à part moi.

Betty me prit la main.

— Le diable? dit-elle.

Cependant, les portes de la place se sont peu à peu ouvertes; des gens se montrent aux fenêtres. On s'interroge. Quelqu'un de l'auberge dit :

— M. le Curé aura trouvé un organiste, et il l'a fait venir. »

Comment n'avions-nous pas songé à cette explication si simple? Justement M. le Curé vient d'apparaitre sur le seuil du Presbytère.

« Qu'est-ce qui se passe? demande-t-il.

— On joue de l'orgue, monsieur le Curé, lui crie l'aubergiste.

— Bon! c'est Eglisak qui s'est remis à son clavier. »

Ils ne trouvèrent personne... (Page 63.)

En effet, d'être sourd n'empêche pas de faire courir ses doigts sur les touches, et il est possible que le vieux maître ait eu cette fantaisie de remonter à la tribune avec le souffleur. Il faut voir. Mais le porche est clos.

« Joseph, me dit M. le Curé, va donc chez Eglisak. »

J'y cours, en tenant Betty par la main, car elle n'a pas voulu me quitter.

Cinq minutes après, nous sommes de retour.

« Eh bien ? me demande M. le Curé.

— Le maître est chez lui, dis-je hors d'haleine.

C'était vrai. Sa servante m'avait affirmé qu'il dormait dans son lit comme un sourd et tout le vacarme de l'orgue n'aurait pu le réveiller.

— Alors qui donc est là ? murmure Mme Clère, peu rassurée.

— Nous le saurons ! » s'écrie M. le Curé, en boutonnant sa pelisse.

L'orgue continuait à se faire entendre. C'était comme une tempête de sons qui en sortait. Les seize-pieds travaillaient à plein vent ; le gros nasard poussait des sonorités intenses ; même le trente-deux-pieds, celui qui possède la note la plus grave, se mêlait à cet assourdissant concert. La place était comme balayée par une rafale de musique. On eût dit que l'église n'était plus qu'un immense buffet d'orgue, avec son clocher comme bourdon, qui donnait des *contre-fa* fantastiques.

J'ai dit que le porche était fermé, mais, en faisant le tour, la petite porte, précisément en face le cabaret Clère, était entr'ouverte. C'était par là que l'intrus avait dû pénétrer. D'abord M. le Curé, puis le bedeau qui venait de le rejoindre, entrèrent. En passant, ils trempèrent leurs doigts dans la coquille d'eau bénite, par précaution, et se signèrent. Puis, toute la suite en fit autant.

Soudain, l'orgue se tut. Le morceau joué par le mystérieux organiste s'arrêta sur un accord de quarte et sixte qui se perdit sous la sombre voûte.

Était-ce l'entrée de tout ce monde qui avait coupé court à l'inspiration de l'artiste ? Il y avait lieu de le croire. Mais, à présent, la nef, naguère pleine d'harmonies, était retombée au silence. Je dis le silence, car nous étions tous muets, entre les piliers, avec une sensation semblable à celle qu'on éprouve quand, après un vif éclair, on attend le fracas de la foudre.

Cela ne dura pas. Il fallait savoir à quoi s'en tenir. Le bedeau et deux ou trois des plus braves se dirigèrent vers la vis qui monte à la tribune, au fond de la nef. Ils gravirent les marches, mais, arrivés à la galerie, ils ne trouvèrent personne. Le couvercle du clavier était rabattu. Le soufflet, à demi gonflé encore de l'air qui ne pouvait s'échapper faute d'issue, restait immobile, son levier en l'air.

Très probablement, profitant du tumulte et de l'obscurité, l'intrus avait pu descendre la vis, disparaître par la petite porte, et s'enfuir à travers la bourgade.

N'importe ! le bedeau pensa qu'il serait peut-être convenable d'exorciser par prudence. Mais M. le Curé s'y opposa, et il eut raison, car il en aurait été pour ces exorcismes.

V

Le lendemain, le bourg de Kalfermatt comptait un habitant de plus — et même deux. On put les voir se promener sur la place, aller et venir le long de la grande rue, pousser une pointe jusqu'à l'école, finalement, retourner à l'auberge de Clère, où ils retinrent une chambre à deux lits, pour un temps dont ils n'indiquaient point la durée.

« Cela peut être un jour, une semaine, un mois, un an, avait dit le plus important de ces personnages, à ce que me rapporta Betty, lorsqu'elle m'eut rejoint sur la place.

— Est-ce que ce serait l'organiste d'hier ? demandai-je.

— Dame, ça se pourrait, Joseph.

— Avec son souffleur ?..

— Sans doute le gros, répondit Betty.

— Et comment sont-ils ?

— Comme tout le monde. »

Comme tout le monde, c'est évident, puisqu'ils avaient une tête sur leurs épaules, des bras emmanchés à leur torse, des pieds au bout des jambes. Mais on peut posséder tout cela et ne ressembler à personne. Et c'était ce que je reconnus, lorsque, vers onze heures, j'aperçus enfin ces deux étrangers si étranges.

Ils marchaient l'un derrière l'autre.

L'un de trente-cinq à quarante ans, efflanqué, maigre, une sorte de grand héron, emplumé d'une grande lévite jaunâtre, les jambes doublées d'un flottard étroit du bas et d'où sortaient des pieds pointus, coiffé d'une large toque avec aigrette. Quelle figure mince, glabre! Des yeux plissés, petits mais perçants, avec une braise au fond de leur pupille, des dents blanches et aiguës, un nez effilé, une bouche serrée, un menton de galoche. Et quelles mains! Des doigts longs, longs... de ces doigts qui sur un clavier peuvent prendre une octave et demie!

L'autre est trapu, tout en épaules, tout en buste, une grosse tête ébouriffée sous un feutre grisâtre, une face de taureau têtu, un ventre en clef de *fa*. C'est un gars d'une trentaine d'années, fort à pouvoir rosser les plus vigoureux de la commune.

Personne ne connaissait ces individus. C'était la première fois qu'ils venaient dans le pays. Pas des Suisses, à coup sûr; mais plutôt des gens de l'Est, par delà les montagnes, du côté de la Hongrie. Et, de fait, cela était, ainsi que nous l'apprîmes plus tard.

Après avoir payé une semaine d'avance à l'auberge Clère, ils avaient déjeuné de grand appétit, sans épargner les bonnes choses. Et maintenant, ils faisaient un tour, l'un précédant l'autre, le grand ballant, regardant, baguenaudant, chantonnant, les doigts sans cesse en mouvement, et, par un geste singulier, se frappant parfois le bas de la nuque avec la main, et répétant:

« *La naturel... la naturel!.. Bien!* »

Le gros roulait sur ses hanches, fumant une pipe en forme

TANDIS QUE LE MARTEAU BATTAIT TROIS CROCHES... (Page 65.)

de saxophone, d'où s'échappaient des torrents de fumée blanchâtre.

Je les regardais à pleins yeux, lorsque le grand m'avisa et me fit signe d'approcher.

Ma foi, j'eus un peu peur, mais enfin je me risquai, et il me dit d'une voix comme le fausset d'un enfant de chœur :

« La maison du curé, petit ?

— La maison du...... le presbytère ?..

— Oui. Veux-tu m'y conduire ? »

Je pensai que M. le Curé m'admonesterait de lui avoir amené ces personnes, — le grand surtout, dont le regard me fascinait. J'aurais voulu refuser. Ce fut impossible, et me voilà filant vers le presbytère.

Une cinquantaine de pas nous en séparaient. Je montrai la porte et m'ensauvai tout courant, tandis que le marteau battait trois croches suivies d'une noire.

Des camarades m'attendaient sur la place, M. Valrügis avec eux. Il m'interrogea. Je racontai ce qui s'était passé. On me regardait... Songez donc ! *Il* m'avait parlé !

Mais ce que je pus dire n'avança pas beaucoup sur ce que ces deux hommes venaient faire à Kalfermatt. Pourquoi entretenir le curé ? Quelle avait été la réception de celui-ci, et ne lui était-il pas arrivé malheur, ainsi qu'à sa servante, une vieille d'âge canonique dont la tête déménageait parfois ?

Tout fut expliqué dans l'après-midi.

Ce type bizarre — le plus grand — se nommait Effarane. C'était un Hongrois, à la fois artiste, accordeur, facteur d'orgues, organier — comme on disait — se chargeant des réparations, allant de ville en ville et gagnant de quoi vivre à ce métier.

C'était lui, on le devine, qui, la veille, entré par la porte latérale, avec l'autre, son aide et souffleur, avait réveillé les échos de la vieille église, en déchaînant des tempêtes d'harmonie. Mais, à l'entendre, l'instrument défectueux en de certaines parties, exigeait quelques réparations, et il offrait de les faire à très bas prix. Des certificats témoignaient de son aptitude aux travaux de ce genre.

« Faites... faites! avait répondu M. le Curé, qui s'était empressé d'accepter cette offre. Et il avait ajouté :

— Le Ciel soit deux fois béni, qui nous envoie un organier de votre valeur, et trois fois le serait-il, s'il nous gratifiait d'un organiste...

— Ainsi ce pauvre Eglisak?.. demanda maître Effarane.

— Sourd comme un mur. Vous le connaissiez? .

— Eh! qui ne connaît l'homme à la fugue !

— Voilà six mois qu'il ne joue plus à l'église, ni ne professe à l'école. Aussi avons-nous eu une messe sans musique à la Toussaint, et est-il probable qu'à la Noël...

— Rassurez-vous, monsieur le Curé, répondit maître Effarane. En quinze jours les réparations peuvent être achevées, et, si vous le voulez, Noël venue, je tiendrai l'orgue... »

Et en disant cela, il agitait ses doigts interminables, il les décraquait aux phalanges, il les détirait comme des gaines de caoutchouc.

Le curé remercia l'artiste en bons termes, et lui demanda ce qu'il pensait de l'orgue de Kalfermatt.

— Il est bon, répondit maître Effarane, mais incomplet.

— Et que lui manque-t-il donc? N'a-t-il pas vingt-quatre jeux, sans oublier le jeu des voix humaines?

— Eh! ce qui lui manque, monsieur le Curé, c'est précisément un registre que j'ai inventé, et dont je cherche à doter ces instruments.

— Lequel ?

— Le registre des voix enfantines, répliqua le singulier personnage en redressant sa longue taille. Oui! j'ai imaginé ce perfectionnement. Ce sera l'idéal, et alors mon nom dépassera les noms des Fabri, des Kleng, des Erhart Smid, des André, des

Castendorfer, des Krebs, des Müller, des Agricola, des Kranz, les noms des Antegnati, des Costanzo, des Graziadei, des Serassi, des Tronci, des Nanchinini, des Callido, les noms des Sébastien Érard, des Abbey, des Cavaillé-Coll... »

M. le Curé dut croire que la nomenclature ne serait pas terminée pour l'heure des vêpres, qui approchait.

Et l'organier d'ajouter, en ébouriffant sa chevelure :

« Et si je réussis pour l'orgue de Kalfermatt, aucun ne pourra lui être comparé, ni celui de Saint-Alexandre à Bergame, ni celui de Saint-Paul à Londres, ni celui de Fribourg, ni celui de Haarlem, ni celui d'Amsterdam, ni celui de Francfort, ni celui de Weingarten, ni celui de Notre-Dame de Paris, de la Madeleine, de Saint-Roch, de Saint-Denis, de Beauvais... »

Et il disait ces choses d'un air inspiré, avec des gestes qui décrivaient des courbes capricieuses. Certes, il aurait fait peur à tout autre qu'à un curé, qui, avec quelques mots de latin, peut toujours réduire le diable à néant.

Heureusement la cloche des vêpres se fit entendre, et, prenant sa toque dont il frisa l'aigrette d'un léger coup de doigt, maître Effarane salua profondément et vint rejoindre son souffleur sur la place. N'empêche que, dès qu'il fut parti, la vieille bonne crut sentir comme une odeur de soufre.

La vérité, c'est que le poêle renvoyait.

VI

Il va de soi que, dès ce jour, il ne fut plus question que du grave événement qui passionnait la bourgade. Ce grand artiste, qui avait nom Effarane, doublé d'un grand inventeur, se faisait fort d'enrichir notre orgue d'un registre de voix enfantines. Et alors, à la prochaine Noël, après les bergers et les mages accompagnés par les trompettes, les bourdons et les flûtes, on entendrait les voix fraîches et cristallines des anges papillonnant autour du petit Jésus et de sa divine Mère.

Les travaux de réparation avaient commencé dès le lendemain; maître Effarane et son aide s'étaient mis à l'ouvrage. Pendant les récréations, moi et quelques autres de l'école nous venions les voir. On nous laissait monter à la tribune sous condition de ne point gêner. Tout le buffet était ouvert, réduit à l'état rudimentaire. Un orgue n'est qu'une flûte de Pan, adaptée à un sommier, avec soufflet et registre, c'est-à-dire une règle mobile qui régit l'entrée du vent. Le nôtre était d'un grand modèle comportant vingt-quatre jeux principaux, quatre claviers de cinquante-quatre touches, et aussi un clavier de pédales pour basses fondamentales de deux octaves. Combien nous paraissait immense cette forêt de tuyaux à anches ou à bouches en bois ou en étain ! On se serait perdu au milieu de ce massif touffu ! Et quels noms drôles sortaient des lèvres du maître Effarane : les doublettes, les larigots, les cromornes, les bombardes, les prestants, les gros nasards ! Quand je pense qu'il y avait des seize-pieds en bois et des trente-deux-pieds en étain ! Dans ces tuyaux-là, on aurait pu fourrer l'école tout entière et M. Valrügis en même temps !

Nous regardions ce fouillis avec une sorte de stupéfaction voisine de l'épouvante.

« Henri, disait Hoct, en risquant un regard en dessous, c'est comme une machine à vapeur....

— Non, plutôt comme une batterie, disait Farina, des canons qui vous jetteraient des boulets de musique !.. »

Moi, je ne trouvais pas de comparaisons, mais, quand je songeais aux bourrasques que le double soufflet pouvait envoyer à travers cet énorme tuyautage, il me prenait un frisson dont j'étais secoué pendant des heures.

Maître Effarane travaillait au milieu de ce pêle-mêle, et sans jamais être embarrassé. En réalité, l'orgue de Kalfermatt était en assez bon état et n'exigeait que des réparations peu importantes, plutôt un nettoyage des poussières de plusieurs années. Ce qui offrirait plus de difficultés, ce serait l'ajustement du registre des voix enfantines. Cet appareil était là, dans une boîte, une série de flûtes de cristal qui devaient produire des sons délicieux. Maître Effarane, aussi habile organier que merveilleux organiste, espérait enfin réussir là où il avait échoué jusqu'alors. Néanmoins, je m'en apercevais, il ne laissait pas de tâtonner, essayant d'un côté, puis de l'autre, et lorsque cela n'allait pas, poussant des cris, comme un perroquet rageur, agacé par sa maîtresse.

Brrrr... Ces cris me faisaient passer des frissons sur tout le corps et je sentais mes cheveux se dresser électriquement sur ma tête.

J'insiste sur ce point que ce que je voyais m'impressionnait au dernier degré. L'intérieur du vaste buffet d'orgue, cet énorme animal éventré dont les organes s'étalaient, cela me tourmentait jusqu'à l'obsession. J'en rêvais la nuit, et, le jour, ma pensée y revenait sans cesse. Surtout la boîte aux voix enfantines, à laquelle je n'eusse pas osé toucher, me faisait l'effet d'une cage pleine d'enfants, que maître Effarane élevait pour les faire chanter sous ses doigts d'organiste.

« Qu'as-tu, Joseph ? me demandait Betty.

— Je ne sais pas, répondais-je.

— C'est peut-être parce que tu montes trop souvent à l'orgue ?

— Oui... peut-être.

— N'y va plus, Joseph.

— Je n'irai plus, Betty. »

Et j'y retournais le jour même malgré moi. L'envie me prenait de me perdre au milieu de cette forêt de tuyaux, de me glisser dans les coins les plus obscurs, d'y suivre maître Effarane dont j'entendais le marteau claquer au fond du buffet. Je me gardais de rien dire de tout cela à la maison; mon père et ma mère m'auraient cru fou.

VII

Huit jours avant la Noël, nous étions à la classe du matin, les fillettes d'un côté, les garçons de l'autre. M. Valrügis trônait dans sa chaire; la vieille sœur, en son coin, tricotait avec de longues aiguilles, des vraies broches de cuisine. Et déjà Guillaume Tell venait d'insulter le chapeau de Gessler, lorsque la porte s'ouvrit.

C'était M. le Curé qui entrait.

Tout le monde se leva par convenance, mais, derrière M. le Curé, apparut maître Effarane.

Tout le monde baissa les yeux devant le regard perçant de l'organier. Que venait-il faire à l'école, et pourquoi M. le Curé l'accompagnait-il ?

Je crus m'apercevoir qu'il me dévisageait plus particulièrement. Il me reconnaissait sans doute, et je me sentis mal à l'aise.

Cependant, M. Valrügis, descendu de sa chaire, venait de se porter au devant de M. le Curé, disant :

« Qu'est-ce qui me procure l'honneur?..

— Monsieur le Magister, j'ai voulu vous présenter maître Effarane, qui a désiré faire visite à vos écoliers.

— Et pourquoi?...

— Il m'a demandé s'il y avait une maîtrise à Kalfermatt, monsieur Valrügis. Je lui ai répondu affirmativement. J'ai ajouté qu'elle était excellente du temps où le pauvre Eglisak la dirigeait. Alors maître Effarane a manifesté le désir de l'entendre. Aussi l'ai-je amené ce matin à votre classe en vous priant de l'excuser. »

M. Valrügis n'avait point à recevoir d'excuses. Tout ce que faisait M. le Curé était bien fait. Guillaume Tell attendrait cette fois.

Et alors, sur un geste de M. Valrügis, on s'assit. M. le Curé dans un fauteuil que j'allais lui chercher, maître Effarane sur un angle de la table des fillettes qui s'étaient vivement reculées pour lui faire place.

La plus rapprochée était Betty, et je vis bien que la chère petite s'effrayait des longues mains et des longs doigts qui décrivaient près d'elle des arpèges aériens.

Maître Effarane prit la parole, et, de sa voix perçante, il dit :
« Ce sont là les enfants de la maîtrise ?
— Ils n'en font pas tous partie, répondit M. Valbrügis.
— Combien ?
— Seize.
— Garçons et filles ?
— Oui, dit le Curé, garçons et filles, et, comme à cet âge ils ont la même voix...
— Erreur, répliqua vivement maître Effarane, et l'oreille d'un connaisseur ne s'y tromperait pas. »

Si nous fûmes étonnés de cette réponse ? Précisément, la voix de Betty et la mienne avaient un timbre si semblable, qu'on ne pouvait distinguer entre elle et moi, lorsque nous parlions; plus tard, il devait en être différemment, car la mue modifie inégalement le timbre des adultes des deux sexes.

Dans tous les cas, il n'y avait pas à discuter avec un personnage tel que maître Effarane, et chacun se le tint pour dit.

« Faites avancer les enfants de la maîtrise, » demanda-t-il, en levant son bras comme un bâton de chef d'orchestre.

Huit garçons, dont j'étais, huit filles, dont était Betty, vinrent se placer sur deux rangs, face à face. Et alors, maître Effarane de nous examiner avec plus de soin que nous ne l'avions jamais été du temps d'Eglisak. Il fallut ouvrir la bouche, tirer la langue, aspirer et expirer longuement, lui montrer jusqu'au fond de la gorge les cordes vocales qu'il semblait vouloir pincer avec ses doigts. J'ai cru qu'il allait nous accorder comme des violons ou des violoncelles. Ma foi, nous n'étions rassurés ni les uns ni les autres.

M. le Curé, M. Valrügis et sa vieille sœur étaient là, interloqués, n'osant prononcer une parole.

« Attention ! cria maître Effarane. La gamme *d'ut majeur*, en solfiant. Voici le diapason. »

Le diapason ? Je m'attendais à ce qu'il tirât de sa poche une petite pièce à deux branches, semblable à celle du bonhomme Eglisak, et dont les vibrations donnent le *la* officiel, à Kalfermatt comme ailleurs.

Ce fut bien un autre étonnement.

Maître Effarane venait de baisser la tête, et, de son pouce à demi fermé, il se frappa d'un coup sec la base du crâne.

O surprise ! sa vertèbre supérieure rendit un son métallique, et ce son était précisément le *la*, avec ces huit cent soixante-dix vibrations normales.

Maître Effarane avait en lui le diapason naturel. Et alors, nous donnant l'*ut*, une tierce mineure au-dessus, tandis que son index tremblottait au bout de son bras :

« Attention ! répéta-t-il. Une mesure pour rien ! »

Et nous voici, solfiant la gamme d'*ut*, ascendante d'abord, descendante ensuite.

« Mauvais... mauvais... s'écria maître Effarane, lorsque la dernière note se fut éteinte. J'entends seize voix différentes et je devrais n'en entendre qu'une.

Mon avis est qu'il se montrait trop difficile, car nous avions l'habitude de chanter ensemble avec grande justesse, ce qui nous avait toujours valu force compliments.

Maître Effarane secouait la tête, lançait à droite et à gauche des regards de mécontentement. Il me semblait que ses oreilles,

« Va, petite. » (Page 75.)

douées d'une certaine mobilité, se tendaient comme celles des chiens, des chats et autres quadrupèdes.

« Reprenons ! s'écria-t-il. L'un après l'autre maintenant. Chacun de vous doit avoir une note personnelle, une note physiologique, pour ainsi dire, et la seule qu'il devrait jamais donner dans un ensemble,

Une seule note — physiologique ! Qu'est-ce que ce mot signifiait? Eh bien, j'aurais voulu savoir quelle était la sienne, à cet original, et aussi celle de M. le Curé, qui en possédait une jolie collection, pourtant, et toutes plus fausses les unes que les autres!

On commença, non sans de vives appréhensions — le terrible homme n'allait-il pas nous malmener? — et non sans quelque curiosité de savoir quelle était notre note personnelle, celle que nous aurions à cultiver dans notre gosier comme une plante dans son pot de fleur.

Ce fut Hoct qui débuta, et, après qu'il eut essayé les diverses notes de la gamme, le *sol* lui fut reconnu *physiologique* par maître Effarane, comme étant sa note la plus juste, la plus vibrante de celles que son larynx pouvait émettre.

Après Hoct, ce fut le tour de Farina, qui se vit condamné au *la* naturel à perpétuité.

Puis mes autres camarades suivirent ce minutieux examen, et leur note favorite reçut l'estampille officielle de maître Effarane.

Je m'avançai alors.

« Ah! c'est toi, petit! dit l'organiste.

Et me prenant la tête, il la tournait et la retournait à me faire craindre qu'il ne finît par la dévisser.

— Voyons ta note, reprit-il.

Je fis la gamme *d'ut à ut* en montant puis en descendant. Maître Effarane ne parut point satisfait. Il m'ordonna de recommencer... Ça n'allait pas... Ça n'allait pas. J'étais très mortifié. Moi, l'un des meilleurs de la manicanterie, est-ce que je serais dépourvu d'une note individuelle?

— Allons! s'écria maître Effarane, la gamme chromatique!.. Peut-être y découvrirai-je ta note.

Et ma voix, procédant par intervalles de demi-tons, monte l'octave.

— Bien... bien! fit l'organiste, je tiens ta note, et toi, tiens-la pendant toute la mesure!

— Et c'est ? demandai-je un peu tremblant.

— C'est le *ré dièze.* »

Et je filais sur ce *ré dièze* d'une seule haleine.

M. le Curé et M. Valrügis ne dédaignèrent pas de faire un signe de satisfaction.

« Au tour des filles ! » commanda maître Effarane.

Et moi je pensai :

« Si Betty pouvait avoir aussi le *ré dièze* ! Ça ne m'étonnerait pas, puisque nos deux voix se marient si bien ! »

Les fillettes furent examinées l'une après l'autre. Celle-ci eut le *si naturel*, celle-là le *mi naturel*. Quand se fut à Betty Clère de chanter, elle vint se placer debout, très intimidée devant maître Effarane.

« Va, petite. »

Et elle alla de sa voix si douce, si agréablement timbrée qu'on eût dit un chant de chardonnerette. Mais, voilà, ce fut de Betty comme de son ami Joseph Müller. Il fallut recourir à la gamme chromatique pour lui trouver sa note, et finalement le *mi bémol* finit par lui être attribué.

Je fus d'abord chagriné, mais en y réfléchissant bien je n'eus qu'à m'applaudir. Betty avait le *mi bémol* et moi le *ré dièze*. Eh bien ! est-ce que ce n'est pas identique ?... Et je me mis à battre des mains.

« Qu'est-ce qui te prend, petit ? me demanda l'organiste, qui fronçait les sourcils.

— Il me prend beaucoup de joie, Monsieur, osai-je répondre, parce que Betty et moi nous avons la même note...

— La même ?.. s'écria maître Effarane.

Et il se redressa d'un mouvement si allongé, que son bras toucha le plafond.

— La même note ! reprit-il. Ah ! tu crois qu'un *ré dièze* et un *mi bémol*, c'est la même chose, ignare que tu es, oreilles d'âne que tu mérites !... Est-ce que c'est votre Eglisak qui vous apprenaît de telles stupidités ? Et vous souffriez cela, Curé ?.. Et vous aussi, Magister... Et vous de même, vieille demoiselle !..

La sœur de M. Valrügis cherchait un encrier pour le lui jeter à la tête. Mais il continuait en s'abandonnant à tout l'éclat de sa colère.

— Petit malheureux, tu ne sais donc pas ce que c'est qu'un comma, ce huitième de ton qui différencie le *ré dièze* du *mi bémol*, le *la dièze* du *si bémol*, et autres ? Ah ça ! est-ce que personne ici n'est capable d'apprécier des huitièmes de ton ! Est-ce qu'il n'y a que des tympans parcheminés, durcis, racornis, crevés dans les oreilles de Kalfermatt ?

On n'osait pas bouger. Les vitres des fenêtres grelottaient sous la voix aiguë de maître Effarane. J'étais désolé d'avoir provoqué cette scène, tout triste qu'entre la voix de Betty et la même il y eût cette différence, ne fût-elle que d'un huitième de ton. M. le Curé me faisait de gros yeux, M. Valrügis me lançait des regards...

Mais l'organiste de se calmer soudain, et de dire :

— Attention ! Et chacun à son rang dans la gamme !

Nous comprîmes ce que cela signifiait, et chacun alla se placer suivant sa note personnelle, Betty à la quatrième place en sa qualité de *mi bémol*, et moi après elle, immédiatement après elle, en qualité de *ré dièze*. Autant dire que nous figurions une flûte de pan, ou mieux les tuyaux d'un orgue avec la seule note que chacun d'eux peut donner.

— La gamme chromatique, s'écria maître Effarane, et juste. Ou sinon !..

On ne se le fit pas dire deux fois. Notre camarade, chargé de l'*ut* commença ; cela suivit ; Betty donna son *mi bémol*, puis moi mon *ré dièze*, dont les oreilles de l'organiste, parait-il, appréciaient la différence. Après être monté, on redescendit trois fois de suite.

Maître Effarane parut même assez satisfait.

— Bien, les enfants! dit-il. J'arriverai à faire de vous un clavier vivant!

Et, comme M. le Curé hochait la tête d'un air peu convaincu.

— Pourquoi pas? répondit maître Effarane. On a bien fabriqué un piano avec des chats, des chats choisis pour le miaulement qu'ils poussaient quand on leur pinçait la queue! Un piano de chats, un piano de chats! répéta-t-il.

Nous nous mimes à rire, sans trop savoir si maître Effarane parlait ou non sérieusement. Mais, plus tard, j'appris qu'il avait dit vrai, en parlant de ce piano de chats qui miaulaient lorsque leur queue était pincée par un mécanisme! Seigneur Dieu! Q'est-ce que les humains n'inventeront pas!

Alors, prenant sa toque, maître Effarane salua, tourna sur ses talons, et sortit, en disant :

« N'oubliez pas votre note, surtout toi, monsieur *Ré-dièze*, et toi aussi, mademoiselle *Mi-bémol!* »

Et le surnom nous en est resté.

VIII

Telle fut la visite de maître Effarane à l'école de Kalfermatt. J'en étais demeuré très vivement impressionné. Il me semblait qu'un *ré dièze* vibrait sans cesse au fond de mon gosier.

Cependant les travaux de l'orgue avançaient. Encore huit jours, et nous serions à la Noël. Tout le temps que j'étais libre, je le passais à la tribune. C'était plus fort que moi. J'aidais même de mon mieux l'organier et son souffleur dont on ne pouvait tirer une parole. Maintenant les registres étaient en bon état, la soufflerie prête à fonctionner, le buffet remis à neuf, ses cuivres reluisant sous la pénombre de la nef. Oui, on serait prêt pour la fête, sauf peut-être en ce qui concernait le fameux appareil des voix enfantines.

En effet, c'est par là que le travail clochait. Cela ne se voyait que trop au dépit de maître Effarane. Il essayait, il réessayait... Les choses ne marchaient pas. Je ne sais ce qui manquait à son registre, lui non plus. De là un désappointement qui se traduisait par de violents éclats de colère. Il s'en prenait à l'orgue, à la soufflerie, au souffleur, à ce pauvre *Ré-dièze* qui n'en pouvait mais! Des fois, je croyais qu'il allait tout briser, et je m'ensauvais... Et que dirait la population Kalfermatienne déçue dans son espérance, si le Grand annuel majeur n'était pas célébré avec toutes les pompes qu'il comporte?

Ne point oublier que la maîtrise ne devait pas chanter à cette Noël-là, puisqu'elle était désorganisée, et qu'on serait réduit au jeu de l'orgue.

Bref, le jour solennel arriva. Pendant les dernières vingt-quatre heures, maître Effarane, de plus en plus désappointé, s'était abandonné à de telles fureurs qu'on pouvait craindre pour sa raison. Lui faudrait-il donc renoncer à ces voix enfantines? Je ne savais, car il m'épouvantait à ce point que je n'osais plus remettre les pieds dans la tribune, ni même dans l'église.

Le soir de la Noël, d'habitude on faisait coucher les enfants dès le crépuscule, et ils dormaient jusqu'au moment de l'office. Cela leur permettait de rester éveillés pendant la messe de Minuit. Donc, ce soir-là, après l'école, je reconduisis jusqu'à sa porte la petite *Mi-bémol*. — J'en étais venu à l'appeler ainsi.

« Tu ne manqueras pas la messe, lui dis-je.

— Non, Joseph, et toi n'oublie pas ton paroissien.

— Sois tranquille! »

Je revins à la maison où l'on m'attendait.

« Tu vas te coucher, me dit ma mère.

— Oui, répondis-je, mais je n'ai pas envie de dormir.

— N'importe!

— Pourtant...

— Fais ce que dit ta mère, répliqua mon père, et nous te réveillerons lorsqu'il sera temps de te lever. »

J'obéis, j'embrassai mes parents et je montai à ma chambrette. Mes habits propres étaient posés sur le dos d'une chaise, et mes souliers cirés auprès de la porte. Je n'aurais qu'à mettre tout cela au saut du lit, après m'être lavé la figure et les mains.

En un instant, glissé sous mon drap, j'éteignis la chandelle, mais il restait une demi-clarté à cause de la neige qui recouvrait les toits voisins.

Il va sans dire que je n'étais plus d'âge à placer un soulier dans l'âtre, avec l'espoir d'y trouver un cadeau de Noël. Et le souvenir me reprit que c'était là le bon temps, et qu'il ne reviendrait plus. La dernière fois, il y avait trois ou quatre ans, ma chère *Mi-bémol* avait trouvé une jolie croix d'argent dans sa pantoufle... Ne le dites pas, mais c'est moi qui l'y avait mise !

Puis ces joyeuses choses s'effacèrent de mon esprit. Je songeais à maître Effarane. Je le voyais assis près de moi, sa longue lévite, ses longues jambes, ses longues mains, sa longue figure... J'avais beau fourrer ma tête sous mon traversin, je l'apercevais toujours, je sentais ses doigts courir le long de mon lit...

Bref, après m'être tourné et retourné, je parvins à m'endormir.

Combien de temps dura mon sommeil ? je l'ignore. Mais tout à coup, je fus brusquement réveillé, une main s'était posée sur mon épaule.

« Allons, *Ré-dièze !* me dit une voix que je reconnus aussitôt. C'était la voix de maître Effarane.

— Allons donc, *Ré-dièze...* il est temps... Veux-tu donc manquer la messe ?

J'entendais sans comprendre.

— Faut-il donc que je te tire du lit, comme on tire le pain du four ?

Mes draps furent vivement écartés. J'ouvris mes yeux, qui furent éblouis par la lueur d'un fanal, pendu au bout d'une main...

De quelle épouvante je fus saisi!.. C'était bien maître Effarane qui me parlait.

— Allons, *Ré-dièze*, habille-toi.

— M'habiller?..

— A moins que tu ne veuilles aller en chemise à la messe! Est-ce que tu n'entends pas la cloche?

En effet, la cloche sonnait à toute volée.

— Dis donc, *Ré-dièze*, veux-tu t'habiller?

Inconsciemment, mais en une minute, je fus vêtu. Il est vrai, maître Effarane m'avait aidé, et ce qu'il faisait, il le faisait vite.

— Viens, dit-il, en reprenant sa lanterne.

— Mais, mon père, ma mère?.. observai-je...

— Ils sont déjà à l'église. »

Cela m'étonnait qu'ils ne m'eussent point attendu. Enfin, nous descendons. La porte de la maison est ouverte, puis refermée, et nous voilà dans la rue.

Quel froid sec! La place est toute blanche, le ciel tout épinglé d'astres. Au fond se détache l'église, et son clocher dont la pointe semble allumée d'une étoile.

Je suivais maître Effarane. Mais au lieu de se diriger vers l'église, voici qu'il prend des rues, de-ci, de-là. Il s'arrête devant des maisons dont les portes s'ouvrent sans qu'il ait besoin d'y frapper. Mes camarades en sortent, vêtus de leurs habits de fête, Hoct, Farina, tous ceux qui faisaient partie de la maîtrise. Puis c'est le tour des fillettes, et, en premier lieu, ma petite *Mi-bémol*. Je la prends par la main.

« J'ai peur! » me dit-elle.

Je n'osais répondre : « Moi aussi! » par crainte de l'effrayer davantage. Enfin, nous sommes au complet. Tous ceux qui ont leur note personnelle, la gamme chromatique tout entière, quoi!

« Habille-toi... » (Page 80.)

Mais quel est donc le projet de l'organiste ? A défaut de son appareil de voix enfantines, est-ce qu'il voudrait former un registre avec les enfants de la maîtrise ?

Qu'on le veuille ou non, il faut obéir à ce personnage fantastique, comme des musiciens obéissent à leur chef d'orchestre, lorsque le bâton frémit entre ses doigts. La porte latérale de l'église est là. Nous la franchissons deux à deux. Personne encore dans la nef qui est froide, sombre, silencieuse. Et lui qui m'avait dit que mon père et ma mère m'y attendaient!... Je l'interroge, j'ose l'interroger.

« Tais-toi, *Ré-dièze*, me répond-il, et aide la petite *Mi-bémol* à monter. »

C'est ce que je fis. Nous voici tous engagés dans l'étroite vis et nous arrivons au palier de la tribune. Soudain, elle s'illumine. Le clavier de l'orgue est ouvert, le souffleur est à son poste, on dirait que c'est lui qui est gonflé de tout le vent de la soufflerie, tant il parait énorme !

Sur un signe de maître Effarane, nous nous rangeons en ordre. Il tend le bras; le buffet de l'orgue s'ouvre, puis se referme sur nous...

Tous les seize, nous sommes enfermés dans les tuyaux du grand jeu, chacun séparément, mais voisins les uns des autres. Betty se trouve dans le quatrième en sa qualité de *mi bémol*, et moi dans le cinquième en ma qualité de *ré dièze !* J'avais donc deviné la pensée de maître Effarane. Pas de doute possible. N'ayant pu ajuster son appareil, c'est avec les enfants de la maîtrise qu'il a composé le registre des voix enfantines, et quand le souffle nous arrivera par la bouche des tuyaux, chacun donnera sa note ! Ce ne sont pas des chats, c'est moi, c'est Betty, ce sont tous nos camarades qui vont être actionnés par les touches du clavier !

« Betty, tu es là ? me suis-je écrié.

— Oui, Joseph.

— N'aie pas peur, je suis près de toi.

— Silence ! » cria la voix de Maître Effarane.

Et on se tut.

IX

Cependant l'église s'est à peu près remplie. A travers la fente en sifflet de mon tuyau, je pus voir la foule des fidèles se répandre à travers la nef, brillamment illuminée maintenant. Et ces familles qui ne savent pas que seize de leurs enfants sont emprisonnés dans cet orgue ! J'entendais distinctement le bruit des pas sur le pavé de la nef, le choc des chaises, le cliquetis des souliers et aussi des socques, avec cette sonorité particulière aux églises. Les fidèles prenaient leur place pour la messe de minuit, et la cloche tintait toujours.

« Tu es là ? demandai-je encore à Betty.

— Oui, Joseph, me répondit une petite voix tremblante.

— N'aie pas peur... n'aie pas peur, Betty !.. Nous ne sommes ici que pour l'office... Après on nous relâchera. »

Au fond, je pensais qu'il n'en serait rien. Jamais maître Effarane ne donnerait la volée à ces oiseaux en cage, et sa puissance diabolique saurait nous y retenir longtemps... Toujours peut-être !

Enfin, la sonnette du chœur retentit. M. le Curé et ses deux assistants arrivent devant les marches de l'autel. La cérémonie va commencer.

Mais comment nos parents ne s'étaient-ils pas inquiétés de nous ? J'apercevais mon père et ma mère à leur place, tranquilles. — Tranquilles aussi M. et Mme Clère. — Tranquilles les familles de nos camarades. C'était inexplicable.

Or, je réfléchissais à cela, lorsqu'un tourbillon passa à travers le buffet de l'orgue. Tous les tuyaux frémirent comme une forêt sous une rafale. Le soufflet fonctionnait à pleins poumons.

Maître Effarane venait de débuter en attendant l'*Introït*. Les grands jeux, même le pédalier, donnaient avec des roulements de tonnerre. Cela se termina par un formidable accord final, appuyé sur la basse des bourdons de trente-deux-pieds. Puis, M. le Curé entonna l'*Introït* : *Dominus dixit ad me : Filius meus es tu.* Et, au *Gloria*, nouvelle attaque de maître Effarane avec le registre éclatant des trompettes.

J'épiais, épouvanté, le moment où les bourrasques de la soufflerie s'introduiraient dans nos tuyaux; mais l'organiste nous réservait sans doute pour le milieu de l'office...

Après l'Oraison, vient l'Épître. Après l'Épître, le Graduel terminé par deux superbes *Alleluia* avec accompagnement des grands jeux.

Et alors, l'orgue s'était tu pour un certain laps de temps, pendant l'Évangile et le Prône, dans lequel M. le Curé félicite l'organiste d'avoir rendu à l'église de Kalfermatt ses voix éteintes...

Ah! si j'avais pu crier, envoyer mon *ré dièze* par la fente du tuyau!..

On est à l'Offertoire. Sur ces paroles : *Lœtentur cœli, et exultet terra ante faciem Domini quoniam venit,* admirable prélude de maître Effarane avec le jeu des prestants de flûte mariés aux doublettes. C'était magnifique, il faut en convenir. Sous ses harmonies d'un charme inexprimable, les cieux sont en joie, et il semble que les chœurs célestes chantent la gloire de l'enfant divin.

Cela dure cinq minutes, qui me paraissent cinq siècles, car je pressentais que le tour des voix enfantines allait venir au moment de l'Élévation, pour laquelle les grands artistes réservent les plus sublimes improvisations de leur génie...

En vérité, je suis plus mort que vif. Il me semble que jamais une note ne pourra sortir de ma gorge desséchée par les affres de l'attente. Mais je comptais sans le souffle irrésistible qui me gonflerait, lorsque la touche qui me commandait fléchirait sous le doigt de l'organiste.

Enfin, elle arriva, cette élévation redoutée. La sonnette fait entendre ses tintements aigrelets. Un silence de recueillement général règne dans la nef. Les fronts se courbent, tandis que les deux assistants soulèvent la chasuble de M. le Curé...

Eh bien, quoique je fusse un enfant pieux, je ne suis pas recueilli, moi ! Je ne songe qu'à la tempête qui va se déchaîner sous mes pieds ! Et alors, à mi-voix, pour n'être entendu que d'elle :

« Betty ? dis-je.
— Que veux-tu, Joseph ?
— Prends garde, ça va être à nous !
— Ah ! Jésus Marie ! » s'écrie la pauvre petite.

Je ne me suis pas trompé. Un bruit sec retentit. C'est le bruit de la règle mobile qui distribue l'entrée du vent dans le sommier auquel aboutit le jeu des voix enfantines. Une mélodie, douce et pénétrante, s'envole sous les voûtes de l'église, au moment où s'accomplit le divin mystère. J'entends le *sol* de Hoct, le *la* de Farina ; puis c'est le *mi bémol* de ma chère voisine, puis un souffle gonfla ma poitrine, un souffle doucement ménagé, qui emporte le *ré dièze* à travers mes lèvres. On voudrait se taire, on ne le pourrait. Je ne suis plus qu'un instrument dans la main de l'organiste. La touche qu'il possède sur son clavier, c'est comme une valve de mon cœur qui s'entr'ouvre...

Ah ! que cela est déchirant ! Non ! s'il continue ainsi, ce qui sort de nous, ce ne sera plus des notes, ce seront des cris, des cris de douleur !... Et comment peindre la torture que j'éprouve, lorsque maitre Effarane plaque d'une main terrible un accord de septième diminué dans lequel j'occupais la seconde place, *ut naturel, ré dièze, fa dièze, la naturel!*..

Et comme le cruel, l'implacable artiste le prolonge interminablement, une syncope me saisit, je me sens mourir, et je perds connaissance...

Ce qui fait que cette fameuse septième diminuée, n'ayant plus son *ré dièze*, ne peut être résolue suivant les règles de l'harmonie...

X

« ... Eh bien, qu'as-tu donc ? me dit mon père.

— Moi... je...

— Allons, réveille-toi, c'est l'heure d'aller à l'église...

— L'heure ?..

— Oui... hors du lit, où tu manqueras la messe, et, tu sais, pas de messe, pas de réveillon !.. »

Où étais-je ? Que s'était-il passé ? Est-ce que tout cela n'était qu'un rêve... l'emprisonnement dans les tuyaux de l'orgue, le morceau de l'Élévation, mon cœur se brisant, mon gosier ne pouvant plus donner son *ré dièze* ?.. Oui, mes enfants, depuis le moment où je m'étais endormi jusqu'au moment où mon père venait de me réveiller, j'avais rêvé tout cela, grâce à mon imagination surexcitée outre mesure.

« Maître Effarane ? demandai-je.

— Maître Effarane est à l'église, répondit mon père. Ta mère s'y trouve déjà... Voyons, t'habilleras-tu ? »

Je m'habillai, comme si j'avais été ivre, entendant toujours cette septième diminuée, torturante et interminable...

J'arrivai à l'église. Je vis tout le monde à sa place habituelle, ma mère, M. et Mme Clère, ma chère petite Betty, bien emmitouflée, car il faisait très froid. La cloche bourdonnait encore derrière les abat-sons du clocher, et je pus en entendre les dernières volées.

M. le Curé, vêtu de ses ornements des grandes fêtes, arriva devant l'autel, attendant que l'orgue fît retentir une marche triomphale.

Quelle surprise ! au lieu de lancer les majestueux accords qui doivent précéder l'*Introït*, l'orgue se taisait, Rien ! Pas une note !

Le bedeau monta jusqu'à la tribune... Maître Effarane n'était pas là. On le chercha. Vainement. Disparu, l'organiste. Disparu, le souffleur. Furieux sans doute de n'avoir pu réussir à installer son jeu de voix enfantines, il avait quitté l'église, puis la bourgade, sans réclamer son dû, et, de fait, on ne le vit jamais reparaître à Kalfermatt.

Je n'en fus pas fâché, je l'avoue, mes enfants, car, dans la compagnie de cet étrange personnage, loin d'en être quitte pour un rêve, je serais devenu fou à mettre dans un cabanon!

Et, s'il était devenu fou, M. *Ré-Dièze* n'aurait pu, dix ans plus tard, épouser Mlle *Mi-Bémol*, — mariage béni du ciel, s'il en fût. Ce qui prouve que malgré la différence d'un huitième de ton, d'un « comma », ainsi que disait maître Effarane, on peut tout de même être heureux en ménage.

LA DESTINÉE DE JEAN MORÉNAS (¹).

I

Ce jour-là, — vers la fin du mois de septembre, il y a de cela déjà bien longtemps — un riche équipage s'arrêta devant l'hôtel du Vice-Amiral commandant la place de Toulon. Un homme de quarante ans environ, solidement charpenté, mais d'allures assez vulgaires, en descendit, et fit passer au Vice-Amiral, outre sa carte, des lettres d'introduction signées de noms tels que l'audience qu'il sollicitait lui fut immédiatement accordée.

(¹) Cette nouvelle inédite date de la jeunesse de l'auteur des *Voyages extraordinaires*, mais elle a été revue dans la suite et considérablement modifiée.

M. J. V

« C'est à M. Bernardon, l'armateur bien connu à Marseille, que j'ai l'honneur de parler ? demanda le Vice-Amiral quand son visiteur eut été introduit.

— A lui-même, répondit celui-ci.

— Veuillez prendre un siège, reprit le Vice-Amiral, et me croire tout à votre service.

— Je vous en sais gré, Amiral, remercia M. Bernardon, mais je ne crois pas que la requête que j'ai à vous présenter soit de celles qu'il vous est difficile d'accueillir favorablement.

— De quoi s'agit-il ?

— Tout bonnement d'obtenir l'autorisation de visiter le bagne.

— Rien de plus simple, en effet, approuva le Vice-Amiral, et il était superflu de vous munir des lettres de recommandation que vous m'avez transmises. Un homme portant votre nom n'a que faire de ces passeports de courtoisie.

M. Bernardon s'inclina, puis, ayant de nouveau exprimé sa gratitude, s'enquit des formalités à remplir.

— Il n'y en a pas, lui fut-il répondu. Allez trouver le Major Général avec ce mot de moi, et satisfaction vous sera donnée sur-le-champ. »

M. Bernardon prit congé, se fit conduire près du Major Général, et obtint aussitôt la permission d'entrer dans l'Arsenal. Un planton le mena chez le Commissaire du bagne, qui s'offrit à l'accompagner.

Le Marseillais, tout en remerciant chaleureusement, déclina l'offre qui lui était faite et manifesta le désir d'être seul.

« Comme il vous plaira, Monsieur, accorda le Commissaire.

— Il n'y a donc aucun inconvénient à ce que je circule librement dans l'intérieur du bagne ?

— Aucun.

— Ni à ce que je communique avec les condamnés ?

— Pas davantage. Les adjudants seront prévenus et ne vous susciteront pas de difficultés. Me permettrez-vous, cependant, de vous demander dans quelle intention vous faites cette visite peu réjouissante au demeurant ?

— Dans quelle intention ?..

— Oui. Serait-ce pure affaire de curiosité, ou poursuivez-vous un autre but... un but philantropique, par exemple ?

— Philantropique, précisément, repartit vivement M. Bernardon.

— A merveille ! dit le Commissaire. Nous sommes accoutumés à ces visites qu'on voit d'un fort bon œil en haut lieu, le Gouvernement recherchant sans cesse les améliorations à introduire dans le régime des bagnes. Beaucoup ont été déjà réalisées.

M. Bernardon approuva du geste, sans répondre, en homme que ces considérations n'intéressaient pas autrement ; mais le Commissaire, tout plein de son sujet et trouvant l'occasion propice à une déclaration de principes, ne remarqua pas ce désaccord entre l'indifférence de son visiteur et le but avoué de la démarche de celui-ci, et poursuivit imperturbablement :

— La juste mesure est bien difficile à garder en pareille matière. S'il ne faut pas outrer les rigueurs de la loi, il convient aussi de se tenir en garde contre les critiques sentimentaux qui oublient le crime en voyant le châtiment. Toutefois, nous ne perdons jamais de vue ici que la justice doit être modérée.

— De tels sentiments vous honorent, répondit M. Bernardon, et, si mes remarques peuvent vous intéresser, j'aurai plaisir à vous communiquer celles que la visite du bagne m'aura suggérées. »

Les deux interlocuteurs se séparèrent, et le Marseillais, muni d'un laisser-passer en bonne forme, se dirigea du côté du bagne.

Le port militaire de Toulon se composait principalement de deux immenses polygones appuyant au quai leur côté septentrional. L'un, désigné sous le nom de Darse Neuve, était situé à l'Ouest de l'autre nommé Darse Vieille. La périphérie de ces enceintes, véritables prolongements des fortifications de la ville, était marquée par des digues assez larges pour supporter de longs bâtiments, ateliers des machines, casernes, magasins de la Marine, etc. Chacune de ces darses, qui existent encore aujourd'hui, a, dans la partie sud, une ouverture suffisante pour le passage des vaisseaux de haut bord. Elles eussent aisément fait des bassins à flot, si la constance du niveau de la Méditerranée, qui n'est pas sujette à des marées appréciables, n'avait rendu leur fermeture inutile.

A l'époque des événements qui vont être racontés, la Darse Neuve était bornée, à l'Ouest, par les Magasins et le Parc d'Artillerie, et, au Sud, à droite de l'entrée qui donne dans la petite rade, par les bagnes maintenant supprimés. Ceux-ci comprenaient deux bâtiments se réunissant à angle droit. Le premier, en avant de l'atelier des machines, était exposé au Midi; le second regardait la Vieille Darse et se continuait par les casernes et l'hôpital. Indépendamment de ces constructions, il existait trois bagnes flottants, où logeaient les condamnés à terme, tandis que les condamnés à vie étaient logés sur la terre ferme.

S'il est un endroit du monde où l'égalité ne doive pas régner, c'est à coup sûr au bagne. En rapport avec la grandeur des crimes et le degré de perversité des esprits, l'échelle des pénalités devrait impliquer des distinctions de castes et de rangs. Or, il est loin d'en être ainsi. Les condamnés de tout âge et de tous genres sont honteusement mêlés. De cette déplorable promiscuité, il ne peut résulter qu'une corruption hideuse, et la contagion du mal exerce ses ravages parmi ces masses gangrenées.

Au moment où débute ce récit, le bagne de Toulon contenait près de quatre mille forçats. Les Directions du Port, des Constructions Navales, de l'Artillerie, du Magasin Général, des Constructions Hydrauliques et des Bâtiments Civils, en occupaient trois mille, auxquels étaient réservés les travaux les plus pénibles. Ceux qui ne pouvaient trouver place dans ces cinq

UN PLANTON L'ACCOMPAGNA... (PAGE 90.)

grandes divisions étaient employés, dans le port, au lestage, au délestage et à la remorque des navires, au transport des boues, au débarquement et à l'embarquement des munitions et des vivres. D'autres étaient infirmiers, employés spéciaux, ou condamnés à la double chaîne pour cause de tentative d'évasion.

Depuis assez longtemps, lors de la visite de M. Bernardon, on n'avait enregistré aucun incident de cette nature, et pendant plusieurs mois le canon d'alarme n'avait pas retenti dans le port de Toulon.

Ce n'est pas que l'industrieux amour de la liberté se fût affaibli dans le cœur des condamnés, mais le découragement semblait avoir alourdi leurs chaînes. Quelques gardiens, convaincus d'incurie ou de trahison, ayant été renvoyés de la chiourme, une sorte de point d'honneur rendait plus sévère et plus méticuleuse la surveillance des autres. Le Commissaire du bagne se félicitait fort de ce résultat, sans se laisser endormir dans une trompeuse sécurité, car, à Toulon, les évasions étaient plus fréquentes et plus faciles qu'en tout autre port de répression.

Midi et demi sonnait à l'horloge de l'Arsenal, lorsque M. Bernardon atteignit l'extrémité de la Darse Neuve. Le quai était désert. Une demi-heure plus tôt, la cloche avait rappelé dans leurs prisons respectives les forçats au travail depuis l'aube. Chacun d'eux avait alors reçu sa ration. Les condamnés à perpétuité étaient remontés sur leur banc, et un garde les y avait aussitôt enchaînés, tandis que les condamnés à temps pouvaient librement circuler dans toute la longueur de la salle. Au coup de sifflet de l'adjudant, ils s'étaient accroupis autour des gamelles, contenant une soupe faite, toute l'année, de fèves sèches.

Les travaux seraient repris à une heure, pour n'être abandonnés qu'à huit heures du soir. On ramènerait alors les condamnés à leurs prisons, où, pendant quelques heures de sommeil, il leur serait enfin loisible d'oublier leur destin.

II

M. Bernardon profita de l'absence des forçats pour examiner la disposition du port. Il est à supposer, toutefois, que le spectacle ne l'intéressait que médiocrement, car il ne tarda pas à manœuvrer de façon à se trouver à proximité d'un adjudant auquel il s'adressa sans plus de façons :

« A quelle heure, Monsieur, les prisonniers reviennent-ils au port ?

— A une heure, répondit l'adjudant.

— Sont-ils tous réunis et indistinctement soumis aux mêmes travaux ?

— Non pas. Il en est qu'on emploie à des industries particulières sous la conduite de contremaitres. Dans les ateliers de serrurerie, corderie, fonderie, qui exigent des connaissances spéciales, se rencontrent d'excellents ouvriers.

— Ils y gagnent leur vie ?

— Certes.

— Dans quelle mesure ?

— C'est selon. A l'heure, la journée peut leur rapporter de cinq à vingt centimes. La tâche peut en produire jusqu'à trente.

— Ont-ils le droit d'employer ces quelques sous à l'amélioration de leur sort ?

— Oui, répondit l'adjudant. Ils peuvent acheter du tabac, car, malgré les règlements contraires, on tolère qu'ils fument. Pour quelques centimes, ils peuvent aussi recevoir des portions de ragoût ou de légumes.

— Les condamnés à vie et les condamnés à temps ont-ils le même salaire ?

— Non, ces derniers ont un supplément d'un tiers qu'on leur garde jusqu'à l'expiration de leur peine. Ils en reçoivent alors le montant, afin qu'ils ne soient pas dans un complet dénuement au sortir du bagne.

— Ah !.. fit simplement M. Bernardon qui parut s'absorber dans ses pensées.

— Ma foi, Monsieur, reprit l'adjudant, ils ne sont pas tellement malheureux. Si, par leurs fautes ou leurs tentatives d'évasion, ils n'augmentaient pas eux-mêmes la sévérité du régime, ils seraient moins à plaindre que beaucoup d'ouvriers des villes.

— La prolongation de peine, demanda le Marseillais dont la voix sembla un peu altérée, n'est-elle donc pas la seule punition qu'on leur inflige, en cas de tentative d'évasion ?

— Non. Ils ont droit aussi à la bastonnade et à la double chaine.

— La bastonnade ?.. répéta M. Bernardon.

— Qui consiste en coups sur les épaules, de quinze à soixante suivant le cas, appliqués avec une corde goudronnée.

— Et, sans doute, toute fuite devient impossible pour un condamné mis à la double chaine ?

— A peu près, répondit l'adjudant. Les forçats sont alors attachés au pied de leur banc, et ne sortent jamais. Dans ces conditions, une évasion n'est pas chose facile.

— C'est donc pendant les travaux qu'ils s'échappent le plus aisément ?

— Sans doute. Les couples, quoique surveillés par un garde-chiourme, ont une certaine liberté qu'exige le travail, et telle est l'habileté de ces gens-là, qu'en dépit d'une surveillance active, en moins de cinq minutes, la chaîne la plus forte est coupée. Lorsque la clavette rivée dans le boulon mobile est trop dure, ils gardent l'anneau qui leur entoure la jambe, et rompent le premier maillon de leur chaîne. Beaucoup de forçats, employés aux ateliers de serrurerie, y trouvent sans peine les outils dont ils ont besoin. Souvent la plaque en fer-blanc qui porte leur numéro leur suffit. S'ils parviennent à se procurer un ressort de montre, le canon d'alarme ne tarde pas à tonner. Enfin, ils ont mille ressources, et un condamné n'a pas vendu moins de vingt-deux de ces secrets pour se soustraire à une bastonnade.

— Mais où peuvent-ils cacher leurs instruments ?

— Partout et nulle part. Un forçat s'était taillé des fentes sous les aisselles, et glissait de petits morceaux d'acier entre chair et peau. Dernièrement, j'ai confisqué à un condamné un panier en paille, dont chaque brin renfermait des limes et des scies imperceptibles ! Rien n'est impossible, Monsieur, à des hommes qui veulent reconquérir leur liberté. »

En ce moment, une heure sonna. L'adjudant salua M. Bernardon et se rendit à son poste.

Les forçats sortaient alors du bagne, les uns seuls, les autres accouplés deux à deux, sous la surveillance des gardes-chiourme. Bientôt le port retentit du bruit des voix, du choc des fers, des menaces des argousins.

Dans le parc d'artillerie, où le hasard le conduisit, M. Bernardon trouva affiché le code pénal de la chiourme.

« Sera puni de mort tout condamné qui frappera un agent, qui
» tuera son camarade, qui se révoltera ou provoquera une ré-
» volte. Sera puni de trois ans de double chaîne, le condamné à
» vie qui aura tenté de s'évader ; de trois ans de prolongation de
» peine, le condamné à temps qui aura commis le même crime,
» et d'une prolongation déterminée par un jugement, tout forçat
» qui volera une somme au-dessus de cinq francs.

« Sera puni de la bastonnade tout condamné qui aura brisé
» ses fers ou employé un moyen quelconque pour s'évader, sur
» lequel il sera trouvé des travestissements, qui volera une
» somme au-dessous de cinq francs, qui s'enivrera, qui jouera à
» des jeux de hasard, qui fumera dans le port, qui vendra ou
» dégradera ses hardes, qui écrira sans permission, sur lequel

» il sera trouvé une somme au-dessus de dix francs, qui battra
» son camarade, qui refusera de travailler, ou se montrera insu-
» bordonné. »

Ayant lu, le Marseillais demeura pensif. Il fut tiré de ses réflexions par l'arrivée d'une équipe de galériens. Le port était en pleine activité; le travail se distribuait sur tous les points. Les contremaîtres faisaient entendre çà et là leurs voix rudes :

« Dix couples pour Saint-Mandrier ! »

« Quinze *chaussettes* pour la corderie ! »

« Vingt couples à la mâture ! »

« Un renfort de six rouges au bassin ! »

Les travailleurs demandés se dirigeaient aux endroits désignés, excités par les injures des adjudants, et souvent par leurs redoutables bâtons. Le Marseillais considérait attentivement les galériens qui défilaient devant lui. Les uns s'attelaient à des charrettes pesamment chargées; les autres transportaient sur leurs épaules de lourdes pièces de charpente, empilaient et déblayaient les bois de construction, ou remorquaient des bâtiments à la cordelle.

Les forçats étaient indistinctement vêtus d'une casaque rouge, d'un gilet de même couleur, et d'un pantalon de grosse toile grise. Les condamnés à vie portaient un bonnet de laine entièrement vert. A moins de capacités particulières, ils étaient employés aux plus rudes travaux. Les condamnés suspects, à raison de leurs vicieux instincts ou de leurs tentatives d'évasion, étaient coiffés d'un bonnet vert bordé d'une large bande rouge. Aux condamnés à temps était réservé le bonnet uniformément rouge, agrémenté d'une plaque de fer-blanc portant le numéro d'immatriculation de chaque forçat. Ce sont ces derniers que M. Bernardon examinait avec le plus d'attention.

Les uns, enchaînés deux à deux, avaient des fers de huit à vingt-deux livres. La chaîne, partant du pied de l'un des condamnés, remontait à sa ceinture où elle était fixée, et allait s'attacher à la ceinture, puis au pied de l'autre. Ces malheureux se nommaient plaisamment les *Chevaliers de la Guirlande.* D'autres ne portaient qu'un anneau et une demi-chaine de neuf à dix livres, ou même un seul anneau, appelé *chaussette*, pesant de deux à quatre livres. Quelques galériens redoutables avaient le pied pris dans un *martinet*, ferrement en forme de triangle, qui, rivé à chacune de ses extrémités autour de la jambe et trempé d'une manière spéciale, résiste à tous les efforts de rupture.

M. Bernardon, interrogeant tantôt les forçats, tantôt les gardes-chiourme, parcourut les divers travaux du port. Devant lui, se déroulait un navrant tableau bien propre à émouvoir le cœur d'un philantrope. Pourtant, en vérité, il n'avait pas l'air de le voir. Sans s'arrêter à l'ensemble de la scène, ses yeux furetaient de tous côtés, dénombrant les forçats l'un après l'autre, comme si, dans cette foule lamentable, il eût cherché quelqu'un qui ne l'attendait pas. Mais la recherche se prolongeait en vain, et, par instants, l'inquiet visiteur ne pouvait se défendre de gestes de découragement.

Le hasard de la promenade finit par le conduire du côté de la mâture. Soudain, il s'arrêta sur place, et ses yeux se fixèrent sur l'un des hommes attelés au cabestan. De l'endroit où il se trouvait, il pouvait voir le numéro de ce galérien, le numéro 2224, gravé sur une plaque de fer-blanc fixée au bonnet rouge des condamnés à temps.

III

Le numéro 2224 était un homme de trente-cinq ans, solidement bâti. Sa figure était franche et exprimait à la fois l'intelligence et la résignation. Non pas la résignation de la brute dont un travail dégradant a annihilé le cerveau, mais l'accepta-

« Vous vous nommez Jean Morénas?.. » (Page 103.)

tion réfléchie d'un malheur inévitable, nullement incompatible avec la survivance de l'énergie intérieure, ainsi qu'en témoignait la fermeté de son regard.

Il était accouplé à un vieux condamné, qui, plus endurci et plus bestial, contrastait fortement avec lui, et dont le front déprimé ne devait abriter que d'abjectes pensées.

Les couples hissaient alors les bas-mâts d'un vaisseau nouvellement lancé, et, pour mesurer leur effort, ils chantaient la chanson de la *Veuve*. La *Veuve*, c'est la guillotine, veuve de tous ceux qu'elle tue.

> Oh! Oh! Oh! Jean-Pierre, oh!
> Fais toilette!
> V'là! v'là! l'barbier! oh!
> Oh! Oh! Oh! Jean-Pierre, oh!
> V'là la charrette!
> Ah! ah! ah!
> Fauchez Colas!

M. Bernardon attendit patiemment que les travaux fussent interrompus. Le couple qui l'intéressait profita du répit pour se reposer. Le plus vieux des deux forçats s'étendit de tout son long sur le sol, le plus jeune, s'appuyant sur les pattes d'une ancre, resta debout.

Le Marseillais s'approcha de lui.

« Mon ami, dit-il, je voudrais vous parler.

Pour s'avancer vers son interlocuteur, le numéro 2224 dut tendre sa chaîne, dont le mouvement tira le vieux forçat de sa somnolence.

— Hé donc! fit-il, vas-tu te tenir tranquille?.. Que tu vas nous faire *serrer* par les *renards!*

— Tais-toi, Romain. Je veux parler à ce monsieur.

— Eh non, que je te dis!

— File un peu de ta chaîne par le bout.

— Non! j'embraque ma moitié.

— Romain!.. Romain!.. fit le numéro 2224 qui commençait à se fâcher.

— Eh bien! jouons-la, dit Romain, en sortant de sa poche un jeu de cartes crasseuses.

— Ça va, répliqua le plus jeune condamné.

La chaîne des deux forçats comportait dix-huit maillons de

six pouces. Chacun en possédait neuf, et par conséquent disposait d'un rayon correspondant de liberté.

M. Bernadon s'avança vers Romain.

— Je vous achète votre part de chaine, dit-il.

— Y a-t-il gras?

Le négociant prit cinq francs dans sa bourse.

— Une *thune!*.. s'écria le vieux forçat. C'est dit! »

Il se saisit de l'argent, qui disparut on ne sait où, puis, développant ses maillons qu'il avait enroulés devant lui, il reprit sa place et se coucha le dos au soleil.

« Que me voulez-vous? demanda le numéro 2224 au Marseillais.

Celui-ci, le regardant fixement, prononça :

— Vous vous nommez Jean Morénas. Vous êtes condamné à vingt ans de galère pour meutre et vol qualifié. Actuellement, vous avez fait la moitié de votre peine.

— C'est vrai, dit Jean Morénas.

— Vous êtes le fils de Jeanne Morénas, du village de Sainte-Marie-des-Maures.

— Ma pauvre bonne femme de mère! dit le condammé tristement. Ne m'en parlez plus! Elle est morte!

— Depuis neuf ans, dit M. Bernardon.

— C'est encore vrai. Qui donc êtes-vous, Monsieur, pour connaître si bien mes affaires?

— Que vous importe? répliqua M. Bernardon. L'essentiel est ce que je veux faire pour vous. Écoutez, et veillons à ne pas causer trop longtemps ensemble. D'ici deux jours, préparez-vous à fuir. Achetez le silence de votre compagnon. Promettez, je tiendrai vos promesses. Quand vous serez prêt, vous recevrez les instructions nécessaires. A bientôt! »

Le Marseillais continua tranquillement son inspection, laissant le condamné stupéfait de ce qu'il venait d'entendre. Il fit quelques tours dans l'arsenal, visita divers ateliers, et rejoignit bientôt son équipage, dont les chevaux l'emportèrent au grand trot.

IV

Quinze ans avant le jour où M. Bernardon devait avoir avec le forçat 2224 ce bref dialogue dans le bagne de Toulon, la famille Morénas, composée d'une veuve et de ses deux fils, Pierre, alors âgé de vingt-cinq ans, et Jean, de cinq ans plus jeune, vivait heureuse au village de Sainte-Marie-des-Maures.

Les jeunes gens exerçaient l'un et l'autre le métier de menuisier, et, tant sur place que dans les villages environnants, le travail ne leur manquait pas. Tous deux également habiles, ils étaient également recherchés.

Inégale, par contre, était la place qu'ils occupaient dans l'estime publique, et il faut reconnaître que cette différence de traitement était justifiée. Tandis que le cadet, assidu à l'ouvrage et adorant passionnément sa mère, eût pu servir de modèle à tous les fils, l'aîné ne laissait pas de se permettre quelques incartades de temps à autre. Violent, la tête près du bonnet, il était souvent, après boire, le héros de querelles, voire de rixes, et sa langue lui faisait encore plus de tort que ses actes. Il se répandait couramment, en effet, en propos inconsidérés. Il maudissait son existence bornée dans ce petit coin de montagnes et proclamait son désir d'aller sous d'autres cieux conquérir une fortune vite acquise. Or, il n'en faut pas plus pour inspirer de la méfiance aux âmes traditionnelles des paysans. Toutefois, les griefs qu'on pouvait élever à son encontre n'étaient pas bien graves. C'est pourquoi, tout en accordant à son frère une plus entière sympathie, on se contentait d'ordinaire de le considérer comme un cerveau brûlé, aussi capable du bien que du mal, selon les hasards que lui offrirait l'existence.

La famille Morénas était donc heureuse, en dépit de ces légers nuages. Son bonheur, elle le devait à sa parfaite union. Fils, les deux jeunes gens ne méritaient, en somme, aucune critique sérieuse. Frères, ils s'aimaient de tout leur cœur, et qui eût attaqué l'un, aurait eu deux adversaires à combattre.

Le premier malheur qui frappa la famille Morénas fut la disparition du fils aîné. Le jour même où il atteignait vingt-cinq ans, il partit comme de coutume à son travail, qui l'appelait, ce jour-là, dans un village voisin. Le soir, sa mère et son frère attendirent vainement son retour. Pierre Morénas ne revint pas.

Que lui était-il arrivé? Avait-il succombé dans une de ses habituelles batteries? Avait-il été victime d'un accident ou d'un crime? S'agissait-il simplement d'une fugue? Aucune réponse ne devait jamais être faite à ces questions.

Le désespoir de la mère fut poignant. Puis le temps fit son œuvre, et peu à peu l'existence reprit son paisible cours. Graduellement, soutenue par l'amour de son second fils, Mme Morénas connut cette mélancolie résignée qui est la seule joie permise aux cœurs meurtris par le malheur.

Cinq années s'écoulèrent ainsi, cinq années pendant lesquelles le dévouement filial de Jean Morénas ne se démentit pas un instant. Ce fut à l'expiration de la dernière de ces cinq années, au moment où celui-ci atteignait à son tour vingt-cinq ans, qu'un deuxième et plus terrible malheur fondit sur cette famille déjà si cruellement éprouvée.

A quelque distance de la maisonnette qu'elle habitait, le propre frère de la veuve, Alexandre Tisserand, tenait l'unique auberge du village. Avec l'oncle Sandre, ainsi que Jean avait coutume de l'appeler, vivait sa filleule, Marie. Bien longtemps auparavant, il l'avait recueillie, à la mort des parents de la fillette. Entrée dans l'auberge, elle n'en était plus sortie. Aidant son bienfaiteur et parrain dans l'exploitation de la modeste hôtellerie, elle y avait vécu, franchissant successivement les étapes de l'enfance et de l'adolescence. Au moment où Jean Morénas atteignait vingt-cinq ans, elle en avait dix-huit, et la fillette de jadis était devenue une jeune fille aussi douce et tendre que jolie.

Elle et Jean avaient grandi côte à côte. Ils s'étaient divertis ensemble aux jeux de l'enfance, et la vieille auberge avait maintes fois retenti de leurs ébats. Puis, par degrés, les distractions avaient changé de nature, en même temps que se modifiait lentement, tout au moins dans le cœur de Jean, l'enfantine amitié d'autrefois.

Un jour vint où Jean aima comme une fiancée celle qu'il avait jusqu'alors, traitée en sœur chérie. Il l'aima selon son honnête nature, ainsi qu'il aimait sa mère, avec la même abnégation, avec le même élan, dans un pareil don de tout son être.

Il garda pourtant le silence, et ne dit rien de ses projets à celle dont il souhaitait faire sa femme. C'est, il ne le comprenait que trop, que la tendresse de la jeune fille n'avait pas évolué comme la sienne. Alors que son amitié fraternelle s'était graduellement transformée en amour, le cœur de Marie était resté le même. Avec la même tranquillité, ses yeux regardaient le compagnon de son enfance, sans que nul trouble nouveau en obscurcit le pur azur.

Conscient de ce désaccord, Jean gardait donc le silence et cachait son espérance secrète, au grand chagrin de l'oncle Sandre, qui, professant pour son neveu la plus entière estime, eût été heureux de lui confier à la fois sa filleule et les quelques sous amassés en quarante ans d'un travail opiniâtre. L'oncle ne désespérait pas, cependant. Tout pouvait s'arranger, Marie était encore bien jeune. L'âge aidant, elle reconnaîtrait les mérites de Jean Morénas, et celui-ci, enhardi, formulerait alors sa demande qui serait favorablement accueillie.

Les choses en étaient là, quand un drame imprévu bouleversa

Sainte-Marie-des-Maures. Un matin, l'oncle Sandre fut trouvé mort, étranglé, devant son comptoir, dont le tiroir avait été vidé jusqu'à la dernière piécette. Quel était l'auteur de ce meurtre? La justice l'eût peut-être longtemps cherché en vain, si le mort lui-même n'avait pris soin de le désigner. Dans la main crispée du cadavre, on trouva, en effet, un papier froissé, sur lequel, avant d'expirer, Alexandre Tisserand avait tracé ces mots : « C'est mon neveu qui... » Il n'avait pas eu la force d'en écrire davantage, et la mort avait arrêté sa main au milieu de la phrase accusatrice.

Cela, d'ailleurs, suffisait amplement. Alexandre Tisserand ne possédant qu'un unique neveu, aucune hésitation n'était possible.

Le crime fut reconstitué sans peine. La veille au soir, il n'y avait personne dans l'auberge. L'assassin était donc venu du dehors, et il devait être bien connu de la victime, puisque celle-ci, très méfiante de son naturel, avait ouvert sans difficulté. Il était également certain que le crime avait été commis de bonne heure, Alexandre Tisserand étant encore habillé. A en juger par des comptes inachevés restés sur le comptoir, il était en train de vérifier sa recette au moment où son visiteur était survenu. En allant ouvrir, il avait emporté machinalement le crayon dont il se servait, et dont il devait ensuite faire usage pour désigner son meurtrier.

Ce dernier avait, à peine entré, saisi la victime par le cou, et l'avait terrassée. Le drame avait dû se dérouler en quelques minutes. Il ne subsistait, en effet, aucune trace de lutte, et Marie, dans sa chambre, assez distante il est vrai, n'avait entendu aucun bruit.

Estimant l'aubergiste mort, l'assassin avait vidé le tiroir, consciencieusement fouillé la chambre à coucher, ainsi qu'en témoignaient le lit retourné et les armoires bouleversées. Enfin, son butin recueilli, il s'était empressé de fuir, sans laisser aucune trace de nature à le compromettre.

Il le supposait du moins, mais le misérable avait compté sans la justice immanente. Celui qu'il croyait mort vivait encore et avait retrouvé quelques minutes de conscience. Il avait eu la force de tracer ces quatre mots qui allaient orienter les recherches, et qu'un ultime spasme de l'agonie avait tragiquement interrompus.

Dans le village, ce fut une stupeur. Jean Morénas, ce bon ouvrier, ce bon fils, un assassin! Il fallait bien, cependant, se rendre à l'évidence, et l'accusation du mort était trop formelle pour permettre le doute. Tel fut du moins l'avis de la justice. Malgré ses protestations, Jean Morénas fut arrêté, jugé et condamné à vingt ans de galère.

Ce drame monstrueux fut le coup de grâce pour sa mère. A partir de ce jour, elle déclina rapidement. Moins d'un an plus tard, elle suivait dans la tombe son frère assassiné.

Le sort impitoyable la faisait mourir trop tôt. Elle disparaissait à l'instant où, après tant d'épreuves, une joie allait enfin lui advenir. La terre était à peine retombée sur son cercueil, que son fils aîné, Pierre, reparaissait dans le pays.

D'où venait-il? Qu'avait-il fait pendant les six années qu'avait duré son absence? Quelles contrées avait-il parcourues? Dans quelle situation rentrait-il au village? Il ne s'expliqua pas là-dessus, et, quelle que fût la curiosité publique, un jour arriva où, de guerre lasse, on cessa de se poser ces questions.

Au reste, s'il n'avait pas fait fortune, au sens complet du mot, il semblait du moins qu'il ne fût pas revenu dépourvu. Il n'exerçait, en effet, que d'une manière intermittente son ancien métier de menuisier, et, deux années durant, il vécut presque en rentier à Sainte-Marie-des-Maures, ne s'absentant que rarement pour aller à Marseille, où, disait-il, l'appelaient ses affaires.

Pendant ces deux années, le plus clair de son temps, il le passa, non pas dans la maison qu'il avait héritée de sa mère, mais à l'auberge de l'oncle Sandre, devenue propriété de Marie, et que celle-ci, depuis la mort tragique de son parrain, gérait avec l'aide d'un valet.

Ainsi qu'il était aisé de le prévoir, une idylle se noua peu à peu entre les deux jeunes gens. Ce que n'avait pu faire la calme énergie de Jean, la faconde et le caractère un peu brutal de Pierre le firent. A l'amour grandissant de celui-ci, Marie répondit par un semblable amour. Deux ans après la mort de la veuve Morénas, trois ans après le meurtre de l'oncle Sandre et la condamnation de l'assassin, le mariage des deux jeunes gens fut célébré.

Sept années s'écoulèrent, pendant lesquelles trois enfants leur naquirent, le dernier six mois à peine avant le jour où commence ce récit. Heureuse épouse, heureuse mère, Marie avait alors vécu sept années de bonheur.

Elle eût été moins heureuse, si elle avait pu lire dans le cœur de son mari, si elle avait su l'existence vagabonde que, pendant six années, allant du chapardage à la rapine, de la rapine à l'escroquerie, de l'escroquerie au vol pur et simple, avait menée celui à qui sa vie était liée, si elle avait connu surtout quelle part il avait prise à la mort de son parrain.

Alexandre Tisserand avait dit la vérité en dénonçant son neveu, mais combien il était déplorable que les affres de l'agonie, troublant son cerveau et sa main, l'eussent empêché de mieux préciser! C'était bien son neveu, en effet, qui était l'auteur du crime abominable, mais, ce neveu, ce n'était pas Jean, c'était Pierre Morénas.

A bout de ressources, réduit au dernier degré de la misère, Pierre était alors revenu pendant la nuit à Sainte-Marie-des-Maures, dans l'intention bien arrêtée de faire main basse sur le pécule de son oncle. La résistance de la victime avait fait du voleur un assassin.

L'aubergiste terrassé, il avait procédé à un pillage en règle, puis il s'était enfui dans la nuit. De la mort de son oncle, qu'il supposait seulement évanoui, de l'arrestation et de la condamnation de son frère, il n'avait rien su. C'est donc en toute tranquillité qu'un an après son crime et voyant diminuer son butin, il revint au pays, ne doutant pas qu'après tant de temps écoulé, il n'obtînt aisément son pardon. C'est à ce moment qu'il connut la mort de son oncle et de sa mère et la condamnation de son frère.

Il en fut tout d'abord accablé. La situation de son cadet, à qui, pendant vingt ans, l'avait uni une si réelle et si profonde affection, devint pour lui une source de cruels remords. Que pouvait-il, cependant, pour y remédier, sinon révéler la vérité, se dénoncer et prendre au bagne la place de l'innocent injustement condamné ?

Sous l'influence du temps, regrets et remords s'atténuèrent. L'amour fit le reste.

Mais le remords revint quand la vie conjugale eut pris son paisible cours. De jour en jour, le souvenir du forçat innocent s'imposa davantage à l'esprit du coupable impuni. Les années d'enfance s'évoquèrent avec une force sans cesse plus grande, et le jour vint où Pierre Morénas commença à rêver au moyen de délivrer son frère du boulet auquel lui-même l'avait rivé. Après tout, il n'était plus le gueux dépourvu de tout, qui avait quitté Sainte-Marie-des-Maures pour chercher dans le vaste monde une introuvable fortune. Maintenant le gueux était propriétaire, le premier de son village, et l'argent ne lui manquait pas. Cet argent ne pouvait-il servir à le libérer de son remords ?

V

Jean Morénas suivit des yeux M. Bernardon. Il avait peine à comprendre ce qui lui arrivait. Comment cet homme connaissait-il si bien les diverses circonstances de sa vie ?

C'était là un problème insoluble. Toutefois, qu'il comprît ou non, il fallait dans tous les cas accepter l'offre qui lui était faite. Il résolut donc de se préparer à fuir.

Avant tout, il était dans la nécessité d'instruire son compagnon du coup qu'il méditait. Aucun moyen n'existait de s'en dispenser, le lien qui les enchaînait ne pouvant être rompu par l'un sans que l'autre s'en aperçût. Peut-être Romain voudrait-il profiter de l'occasion, ce qui diminuerait les chances de réussite.

Le vieux forçat n'ayant plus que dix-huit mois de fers, Jean s'efforça de lui démontrer que, pour si peu, il ne devait pas risquer une augmentation de peine. Mais Romain, qui voyait de l'argent au bout de tout cela, ne voulait pas entendre raison, et refusait obstinément de se prêter aux combinaisons de son camarade. Cependant, lorsque celui-ci parla d'un millier de francs payables sur-le-champ et d'une somme égale qui pourrait bien attendre le vieux à la sortie du bagne, Romain commença à ne plus faire la sourde oreille et à donner dans les idées de son compagnon de chaine.

Ce point réglé, il restait à décider du mode d'évasion. L'essentiel était de sortir du port sans être aperçu, et par conséquent d'échapper aux regards exercés des factionnaires et des gardes-chiourme. Une fois dans la campagne, avant que les brigades de gendarmerie fussent prévenues, il serait facile d'en imposer aux paysans, et, quant à ceux que l'espoir de la prime rendrait plus clairvoyants, ils ne résisteraient certainement pas à l'appât d'une somme supérieure.

Jean Morénas résolut de s'évader pendant la nuit. Bien qu'il fût condamné à terme, il n'était pas logé dans un des vieux navires transformés en bagnes flottants. Par exception, il habitait une des prisons situées à terre. En sortir eût été difficile. L'important était donc de n'y pas entrer le soir. La rade étant à peu près déserte à cette heure, il ne lui serait sans doute pas impossible de la traverser à la nage. Il ne pouvait, en effet, songer à quitter l'arsenal autrement que par mer. La terre une fois gagnée, il appartiendrait à son protecteur de lui venir en aide.

Ainsi ramené par ses réflexions à compter sur l'inconnu, il résolut d'attendre les conseils de celui-ci, et de savoir tout d'abord si les promesses faites à Romain seraient ratifiées. Le temps s'écoula lentement au gré de son impatience.

Ce fut seulement le surlendemain qu'il vit réapparaître son mystérieux ami.

« Eh bien?.. demanda M. Bernardon.

— Tout est convenu, Monsieur, et, puisque vous désirez m'être utile, je peux vous assurer que tout ira bien.

— Que vous faut-il?

— J'ai promis deux mille francs à mon compagnon, soit mille francs à sa sortie du bagne...

— Il les aura. Après?

— Et mille francs tout de suite.

— Les voici, dit M. Bernardon, en remettant la somme demandée que le vieux forçat fit instantanément disparaître.

— Voilà, reprit le Marseillais, de l'or et une lime des mieux trempées. Cela vous suffira-t-il pour venir à bout de vos fers?

— Oui, Monsieur. Où vous reverrai-je?

— Au cap Brun. Vous me trouverez sur le rivage, au fond de l'anse appelée Port Mejean. Vous la connaissez?

— Oui. Comptez sur moi.

QUELQUES ADJUDANTS ERRAIENT ENCORE ÇA ET LA... (PAGE 116.)

— Quand partirez-vous?
— Ce soir, à la nage.
— Vous êtes bon nageur?
— De première force.
— Tout est pour le mieux. A ce soir donc.
— A ce soir! »

M. Bernardon se sépara des deux forçats qui retournèrent au travail. Sans plus s'occuper d'eux, le Marseillais continua longtemps sa promenade, interrogeant les uns et les autres, et sortit enfin de l'Arsenal sans s'être fait aucunement remarquer.

VI

Jean Morénas s'étudia à paraître le plus tranquille des prisonniers. Malgré ses efforts, cependant, un observateur attentif aurait été frappé de son agitation inaccoutumée. L'amour de la liberté lui faisait battre le cœur, et toute sa volonté était impuissante à dominer sa fiévreuse impatience. Combien elle était loin, cette résignation de surface, dont, pendant dix ans, il s'était cuirassé contre le désespoir!

Pour cacher quelques instants son absence à la rentrée du soir, il imagina de se faire remplacer par un camarade près de son compagnon de chaîne. Un forçat *chaussette* — ainsi nommé du léger anneau que les galériens de cette catégorie portent à la jambe — n'ayant plus que quelques jours à rester au bagne, et, comme tel, découplé, entra pour trois pièces d'or dans les idées de Jean et consentit à rattacher à son pied pendant quelques minutes la chaîne de celui-ci, lorsqu'elle serait rompue.

Un peu après sept heures du soir, Jean profita d'un repos pour scier son ferrement. Grâce à la perfection de sa lime, et quoique la manille fût d'une trempe particulière, il s'acquitta promptement de ce travail. Au moment de la rentrée dans les salles, le forçat *chaussette* ayant pris sa place, il se blottit derrière une pile de bois.

Non loin de lui se trouvait une immense chaudière destinée à un navire en construction. Ce vaste réservoir était placé sur sa base, et l'ouverture des fourneaux offrait au fugitif un asile impénétrable. Profitant d'un instant favorable, celui-ci s'y glissa sans bruit, en emportant un bout de madrier qu'il creusa hâtivement en forme de bonnet et qu'il perça de trous. Puis, il attendit, l'œil et l'oreille au guet, les nerfs tendus.

La nuit tomba. Le ciel chargé de nuages augmentait l'obscurité et favorisait Jean Morénas. De l'autre côté de la rade, la presqu'île de Saint-Mandrier disparaissait dans les ténèbres.

Lorsque l'Arsenal fut désert, Jean sortit de sa cachette, et, rampant prudemment, se dirigea du côté des bassins de carénage. Quelques adjudants erraient encore çà et là. Jean faisait halte parfois et s'aplatissait sur le sol. Heureusement, il avait pu rompre ses fers, ce qui lui permettait de se mouvoir sans bruit.

Il parvint enfin au bord de l'eau, sur un quai de la Darse Neuve, non loin de l'ouverture donnant accès dans la rade. Son espèce de bonnet de bois à la main, il s'affala le long d'une corde et s'enfonça sous les flots.

Quand il revint à la surface, il se couvrit prestement la tête de cette coiffure bizarre et disparut ainsi à tous les regards. Les trous pratiqués d'avance lui permettaient de se diriger. On l'eût pris pour une bouée en dérive.

Soudain, un coup de canon retentit.

« C'est la fermeture du port, » pensa Jean Morénas.

Un deuxième coup, puis un troisième éclatèrent.

Il n'y avait pas à s'y tromper, c'était le canon d'alarme. Jean comprit que sa fuite était découverte.

Évitant avec soin l'approche des navires et les chaînes des ancres, il s'avança dans la petite rade, du côté de la poudrière de Millau. La mer était un peu dure, mais le vigoureux nageur se sentait de force à la vaincre. Ses habits, gênant sa marche, furent abandonnés à la dérive, et il ne conserva que la bourse d'or attachée sur sa poitrine.

Il arriva sans encombre jusqu'au milieu de la petite rade. Là, s'appuyant sur une de ces bouées de fer appelées *corps morts*, il ôta avec précaution le bonnet qui le protégeait et reprit haleine.

« Ouf! se dit-il, cette promenade n'est qu'une partie de plaisir auprès de ce qui me reste à faire. En pleine mer, je n'aurai pas de rencontres à craindre, mais il faut passer le goulet, et, là, bon nombre d'embarcations vont de la Grosse Tour au Fort de l'Aiguillette. Ce sera bien le diable si je leur échappe... En attendant, orientons-nous, et n'allons pas nous jeter bêtement dans la gueule du loup. »

Jean, par la poudrière de Lagoubran et le fort Saint-Louis, releva sa position exacte, puis il se remit à l'eau.

La tête abritée sous son appareil, il nageait avec prudence. Le bruit du vent qui fraîchissait pouvant l'empêcher d'entendre d'autres bruits plus dangereux, il se tenait sur ses gardes, et, quelque important qu'il fût pour lui d'être sorti de la petite rade, il n'avançait que lentement, afin de ne pas doter la fausse bouée qui le cachait d'une invraisemblable vitesse.

Une demi-heure s'écoula. A son estime, il devait être près de la passe, lorsque, sur la gauche, il crut entendre un bruit de rames. Il s'arrêta, prêtant l'oreille.

« Oh! cria-t-on d'un canot, quelles nouvelles?

— Rien de neuf, répondit-on d'une autre embarcation, sur la droite du fugitif.

— Jamais nous ne pourrons le retrouver!

— Mais est-il sûr qu'il se soit évadé par mer?

— Sans doute! On a repêché ses habits.

— Il fait assez noir pour qu'il nous mène jusqu'aux Grandes Indes !

— Hardi ! nageons ferme ! »

Les embarcations se séparèrent. Dès qu'elles se furent suffisamment éloignées, Jean hasarda quelques brasses vigoureuses et fila rapidement vers le goulet.

A mesure qu'il en approchait, les cris se multipliaient autour de lui, les embarcations qui sillonnaient la rade concentrant nécessairement en ce point leur surveillance. Sans se laisser intimider par le nombre de ses ennemis, Jean continuait à nager de toutes ses forces. Il avait décidé en lui-même qu'il se noierait plutôt que d'être repris, et que les chasseurs ne l'auraient pas vivant.

Bientôt la Grosse Tour et le Fort de l'Aiguillette se dessinèrent à ses yeux.

Des torches couraient sur la digue et sur le rivage; les brigades de gendarmerie étaient déjà sur pied. Le fugitif ralentit sa marche et se laissa pousser par les vagues et le vent d'ouest, qui le drossaient vers la mer.

La lueur d'une torche éclaira tout à coup les flots, et Jean aperçut quatre embarcations qui le cernaient. Il ne bougea plus, le moindre mouvement pouvant le perdre.

« Oh !.. du canot ! héla-t-on de l'une des embarcations.

— Rien !

— En route ! »

Jean respira. Les embarcations allaient s'éloigner. Il était temps. Elles n'étaient pas à dix brasses de lui, et leur proximité l'obligeait à nager perpendiculairement.

« Tiens ! qu'y a-t-il là bas ? cria un matelot.

— Quoi ? répondit-on.

— Ce point noir qui nage.

— Ce n'est rien. Une bouée en dérive.

— Eh bien ! rattrapez-la !

Jean se tint prêt à plonger. Mais le sifflet d'un quartier-maître se fit entendre.

— Nagez, les enfants ! Nous avons autre chose à faire qu'à repêcher un bout de madrier... Avant partout !.. »

Les avirons frappèrent l'eau à grand bruit. Le malheureux reprit courage. Sa ruse n'était pas découverte. Les forces lui revinrent avec l'espoir, et il se remit en route vers le Fort de l'Aiguillette dont la masse sombre se dressait devant lui.

Soudain il se trouva dans des ténèbres profondes. Un corps opaque interceptait à ses yeux la vue du Fort. C'était une des embarcations, qui, lancée à toute vitesse, se heurta contre lui. Au choc, un des matelots se pencha par dessus le bord.

« C'est une bouée, dit-il à son tour.

Le canot reprit sa marche. Par malheur, un des avirons, frappant la fausse bouée, la renversa. Avant que l'évadé pût songer à disparaître, sa tête rasée s'était montrée au-dessus de l'eau.

— Nous le tenons ! s'écrièrent les marins. Hardi-là !.. »

Jean plongea, et, pendant que les sifflets appelaient de toutes parts les embarcations dispersées, il nagea entre deux eaux du côté de la plage du Lazaret. Il s'éloignait ainsi du lieu de rendez-vous, car cette plage est située à droite en entrant dans la grande rade, tandis que le cap Brun s'avançait sur sa gauche. Mais il espérait donner le change à ses ennemis, en se dirigeant du côté le moins propice à son évasion.

L'endroit désigné par le Marseillais devait être atteint cependant. Après quelques brasses faites à l'opposé, Jean Morénas revint sur ses pas. Les embarcations se croisaient autour de lui. A chaque instant, il lui fallait plonger pour ne pas être vu. Enfin, ses habiles manœuvres trompèrent les poursuivants, et il réussit à s'éloigner en bonne direction.

N'était-il pas trop tard ? Lassé par cette longue lutte contre les hommes et les éléments, Jean se sentait défaillir. Il perdait ses forces. Plusieurs fois ses yeux se fermèrent, et son cerveau s'emplit de tournoiements vertigineux; plusieurs fois ses mains se détendirent, et ses pieds alourdis s'enfoncèrent vers l'abîme... Par quel miracle atteignit-il la terre? Il n'eût pu le dire lui-même. Il l'atteignit pourtant. Soudain, il sentit le sol ferme. Il se redressa, fit quelques pas incertains, tourna sur lui-même et retomba évanoui, mais hors de l'atteinte des vagues.

Lorsqu'il reprit ses sens, un homme était penché sur lui et appliquait contre ses lèvres serrées le goulot d'une gourde, d'où coulaient quelques gouttes d'eau-de-vie.

VII

Le pays situé à l'est de Toulon, hérissé de bois et de montagnes, sillonné de ravins et de cours d'eau, offrait au fugitif de nombreuses chances de salut. Maintenant qu'il avait pris terre, il pouvait espérer reconquérir pleinement sa liberté. Rassuré de ce côté, Jean Morénas sentit renaître la curiosité que lui inspirait son généreux protecteur. Il ne devinait pas son but. Le Marseillais avait-il besoin d'un gaillard entreprenant, décidé à tout, ayant le cœur au bout des bras, qu'il était allé le choisir au bagne? Dans ce cas, il aurait fait un mauvais calcul, Jean Morénas étant fermement décidé à repousser toute proposition suspecte.

« Vous sentez-vous mieux? interrogea M. Bernardon, après avoir laissé au fugitif le temps de se remettre. Avez-vous la force de marcher?

— Oui, répondit Jean en se relevant.

— Dans ce cas, habillez-vous de ce costume de paysan que j'ai apporté à votre intention. Puis, en route! Nous n'avons pas une minute à perdre. »

UN HOMME ÉTAIT PENCHÉ SUR LUI... (PAGE 120.)

Il était onze heures du soir, lorsque les deux hommes s'aventurèrent dans la campagne, évitant les sentiers battus, se jetant dans les fossés et les taillis dès qu'un bruit de pas ou celui d'une charrette résonnait au milieu du silence. Quoique le déguisement du fugitif rendît celui-ci méconnaissable, ils redoutaient une inspection trop attentive, le costume provençal qu'il avait revêtu pouvant avoir quelque chose d'emprunté.

Outre les brigades de gendarmerie, qui sont sur pied dès le premier coup du canon d'alarme, Jean Morénas avait à redouter n'importe quel passant. Le souci de leur sécurité et aussi l'appât de la prime allouée par le gouvernement pour la capture d'un forçat évadé accroissent l'acuité des regards des paysans, la rapidité de leurs jambes, la vigueur de leurs bras. Or, tout fugitif risque fort d'être reconnu, soit qu'habitué au poids des fers, il traîne un peu la jambe, soit qu'un trouble délateur lui monte au visage.

Après trois heures de marche, les deux hommes s'arrêtèrent sur un signe de M. Bernardon. Celui-ci tira d'un bissac qu'il portait sur l'épaule quelques victuailles qui furent avidement dévorées à l'abri d'une haie touffue.

« Dormez maintenant, dit le Marseillais, quand ce court repas fut terminé. Vous avez à faire une longue route, et il faut ménager vos forces. »

Jean ne se fit pas répéter l'invitation, et, s'étendant sur le sol, il tomba, comme une masse, dans un sommeil de plomb.

Le jour était levé quand M. Bernardon le réveilla. Tous deux se remirent en marche aussitôt. Il ne s'agissait plus maintenant de filer à travers champs. Ne pas se cacher, en se montrant toutefois le moins possible, ne pas éviter les regards tout en ne se laissant pas examiner de près, suivre ostensiblement les grandes routes, telle devait être désormais la ligne de conduite à adopter.

M. Bernardon et Jean Morénas marchaient depuis longtemps

déjà, lorsque ce dernier crut entendre le pas de plusieurs chevaux. Il monta sur un talus pour dominer la route, mais la courbe de celle-ci l'empêcha de rien voir. Cependant, il ne pouvait s'être trompé. Se couchant, l'oreille près de terre, il s'efforça de reconnaître le bruit qui l'avait frappé.

Avant qu'il se fût relevé, M. Bernardon s'était précipité sur lui. En un tour de main, Jean se vit bâillonné et étroitement ligotté.

Au même instant, deux gendarmes à cheval débouchaient sur la route. Ils arrivèrent à la hauteur de M. Bernardon qui maintenait solidement son prisonnier ahuri. L'un d'eux interpella le Marseillais :

« Eh là, l'homme ! Que signifie ceci ?

— C'est un forçat évadé, gendarme, un forçat évadé que je viens de prendre, répondit M. Bernardon.

— Oh! oh!.. fit le gendarme. Celui de cette nuit ?

— Ça se peut bien. En tout cas, lui ou un autre, je le tiens.

— Une bonne prime pour vous, camarade!

— Ça n'est pas de refus, sans compter que ses habits n'appartiennent pas à la chiourme. On me les donnera par-dessus le marché.

— Avez-vous besoin de nous ? demanda l'un des gendarmes.

— Ma foi non ! Il est solidement amarré, et je le mènerai bien tout seul !

— C'est au mieux, répondit le gendarme. Au revoir, et bonne chance ! »

Les gendarmes s'éloignèrent. Quand ils eurent disparu, M. Bernardon s'arrêta dans un taillis en bordure de la route. En un instant, les liens de Jean Morénas tombèrent.

« Vous êtes libre, lui dit son compagnon en lui montrant la direction de l'Ouest. Suivez la route de ce côté. Avec du courage, vous pouvez être cette nuit à Marseille. Cherchez dans le vieux port la *Marie-Magdeleine*, un trois-mâts barque chargé pour Valparaiso

PAR LES RUELLES DÉSERTES ET SILENCIEUSES, JEAN SE GLISSA. (Page 126.)

du Chili. Le capitaine est prévenu. Il vous prendra à son bord. Vous vous nommez Jacques Reynaud. Voici des papiers à ce nom. Vous avez de l'or. Tâchez de vous refaire une vie. Adieu. »

Avant que Jean Morénas ait eu le temps de répondre, M. Bernardon avait disparu sous les arbres. Le fugitif était seul sur le bord de la route.

VIII

Un long moment, Jean Morénas demeura immobile, stupéfait du dénouement de son inexplicable aventure. Pourquoi, après l'avoir aidé dans sa fuite, son protecteur l'abandonnait-il? Pourquoi, surtout, cet inconnu s'était-il intéressé au sort d'un condamné que rien ne désignait spécialement à son attention? Comment s'appelait-il seulement? Jean s'aperçut qu'il n'avait même pas pensé à demander le nom de son sauveur.

Si, à cet oubli, il n'était plus de remède, cela, en somme, n'importait guère. L'essentiel était de ne plus trainer les fers qui lui avaient si longtemps meurtri les os. Le reste s'expliquerait plus tard ou jamais. Une chose sûre, en tous cas, c'est qu'il était seul au bord d'une route déserte, de l'or en poche, nanti de papiers réguliers, et aspirant à pleins poumons l'air enivrant de la liberté.

Jean Morénas se mit en marche. On lui avait dit d'aller du côté de Marseille. C'est donc vers Marseille qu'il se dirigea, sans même y penser. Mais ce fut pour s'arrêter dès les premiers pas.

Marseille, la *Marie-Magdeleine*, Valparaiso du Chili, se refaire une vie, chansons que tout cela! Était-ce pour se « refaire une vie » dans des contrées lointaines qu'il avait souhaité si fort la liberté? Non, non! pendant son long emprisonnement, il n'avait rêvé que d'un seul pays : Sainte-Marie-des-Maures, que d'un seul être au monde : Marguerite. C'était le regret du village et le souvenir de Marguerite qui avaient fait le bagne si cruel, les chaînes si pesantes. Et maintenant, il partirait sans même essayer de les revoir? Allons donc! mieux vaudrait retourner tendre l'échine au bâton des gardes-chiourme!

Non, revoir son village, s'agenouiller sur la tombe de sa mère, et surtout, surtout, revoir Marguerite, voilà ce qu'il fallait faire à tout prix. Quand il serait en présence de la jeune fille, il trouverait le courage qui lui avait manqué jadis. Il s'expliquerait, il parlerait, il démontrerait son innocence. Marguerite n'était plus une enfant. Peut-être l'aimerait-elle à présent. Dans ce cas, il la déciderait à le suivre. Quel bel avenir s'ouvrirait alors devant lui! Si, au contraire, elle ne l'aimait pas, il arriverait ce qui arriverait. Cela n'aurait plus aucune espèce d'importance.

Jean, quittant la grande route, prit le premier sentier qu'il croisa, se dirigeant vers le Nord. Mais bientôt il fit halte de nouveau, ramené à la prudence par le désir même de réussir dans son entreprise. Il connaissait trop le pays qu'il traversait, et qu'il avait si souvent parcouru dans son enfance, pour ignorer que le but qu'il voulait atteindre n'était pas fort éloigné de lui. En deux heures, il pouvait être à Sainte-Marie-des-Maures. Il importait de n'y pas pénétrer avant qu'il fît nuit noire, sous peine d'être arrêté au premier pas.

Jean s'attarda donc dans la campagne, et ne se mit sérieusement en route qu'au crépuscule, après un long sommeil et un repas réconfortant dans une guinguette.

Neuf heures sonnaient, et l'obscurité était profonde quand il atteignit les maisons de Sainte-Marie-des-Maures. Par les ruelles désertes et silencieuses, Jean se glissa, sans être vu de personne, jusqu'à l'auberge de l'oncle Sandre.

Comment s'y introduire? Par la porte? Assurément non. Savait-il qui se trouvait dans la grande salle, et si, derrière la porte, il n'allait pas se heurter à un ennemi? D'ailleurs, l'auberge appartenait-elle toujours à Marguerite? Pourquoi, depuis tant d'années écoulées, n'aurait-elle pas passé en d'autres mains ? Fort heureusement, il avait un meilleur et plus sûr moyen que la porte d'entrer dans la place.

Il n'est pas rare que les mas provençaux possèdent des issues secrètes permettant à leurs habitants d'entrer et de sortir incognito. Ces « trucs », plus ou moins ingénieux selon le cas, ont sans doute été imaginés au cours des guerres de religion qui ont mis cette contrée à feu et à sang. Rien de plus naturel que les contemporains de ces époques troublées aient cherché des procédés pour échapper, le cas échéant, à leurs ennemis.

Le secret de l'auberge de l'oncle Sandre, secret resté bien certainement ignoré du propriétaire, Jean et Marguerite l'avaient découvert au hasard de leurs jeux d'enfants, et, fiers d'être seuls à le connaître, ils s'étaient gardés de le révéler à qui que ce fût. Devenus grands, ils l'avaient oublié à leur tour, si bien que Jean pouvait légitimement espérer trouver le mécanisme intact au moment où il avait besoin de l'utiliser.

Le secret consistait dans la mobilité du fond de la cheminée de la grande salle. Comme dans beaucoup de bâtiments de campagne, cette cheminée était immense, assez large et profonde — le foyer minuscule n'en occupant que le centre — pour contenir plusieurs personnes à son abri. Le fond en était fait de deux vastes plaques de fonte parallèles et séparées par un intervalle de quelques décimètres. Ces deux plaques étaient mobiles et pouvaient pivoter légèrement sous l'impulsion d'une poignée manœuvrée d'une manière convenable. Il était donc loisible à tout possesseur du secret, que rien d'ailleurs ne permettait de soupçonner, de s'introduire dans l'espace ménagé entre les deux plaques, puis, ayant refermé celle qui d'abord lui avait livré passage, d'entr'ouvrir la seconde et de passer ainsi du dedans au dehors ou réciproquement.

Jean contourna la maison, et, en promenant la main sur la surface du mur, trouva sans trop de peine la plaque extérieure.

Quelques minutes de recherche lui firent reconnaître la poignée qu'il sollicita dans le sens nécessaire. Décidément, rien n'avait été changé. La poignée obéit, et la plaque, avec un grondement sourd, s'écarta sous la poussée.

Jean s'introduisit par cet hiatus, puis, l'ayant refermé, reprit haleine.

Il convenait d'agir avec une prudence croissante. Un rayon de lumière filtrait dans la cachette par le pourtour de la plaque intérieure, et un bruit de voix venait de la grande salle. On ne dormait pas encore dans l'auberge. Avant de se montrer, il était nécessaire de savoir à qui on aurait affaire.

Malheureusement, Jean eut beau appliquer son œil tout autour de la plaque, il lui fut impossible de rien apercevoir. De guerre lasse, il se décida à l'entre-bâiller à tout risque.

A ce moment précis, un vacarme s'éleva dans la grande salle. Ce fut d'abord un cri déchirant, un cri d'appel et d'agonie, immédiatement suivi d'une sorte de râle, puis il y eut des halètements, pareils à des souffles de forge, comme en pousseraient deux lutteurs aux prises, qu'accompagna le fracas d'un meuble renversé.

Jean, après un court instant d'hésitation, pesa sur la poignée. La plaque pivota, découvrant dans toute son étendue la salle commune de l'auberge.

Au moment de s'y élancer, Jean recula sous la protection de l'ombre emplissant la cheminée et de la fumée de quelques sarments restés dans l'âtre, terrifié par le spectacle qu'il avait sous les yeux.

IX

A la lourde table occupant le centre de la salle, un homme était assis, qu'un autre homme, debout derrière lui, étranglait, dans un grand effort de tout son être. C'est le premier qui, se sentant saisi par le cou, avait crié d'abord, râlé ensuite. C'est de la poitrine du second que s'échappait ce rauque souffle d'athlète s'épuisant à vaincre un adversaire. Dans la lutte, une chaise était tombée.

Devant l'homme assis, un encrier, du papier à lettres, montraient qu'il était en train d'écrire quand son ennemi l'avait surpris. A portée de sa main, sur la table, une sacoche entr'ouverte laissait apercevoir les papiers dont elle était pleine.

La scène ne durait que depuis une minute à peine, et elle s'achevait déjà. Déjà l'homme assis avait cessé de se débattre, et on ne percevait plus que le halètement du meurtrier. La scène, d'ailleurs, n'aurait pu se prolonger davantage. Le cri de la victime avait été entendu. On s'agitait au dehors. Dans une chambre du premier étage de l'auberge, desservi par une galerie de bois, à laquelle on accédait par un escalier prenant naissance dans la grande salle, Jean entendit deux pieds nus tomber lourdement sur le carreau. Quelqu'un se levait là-haut. Encore un instant, une porte allait s'ouvrir, un témoin survenir.

Le meurtrier comprit le danger. Ses mains relâchèrent leur étreinte, et, tandis que la tête de la victime retombait inerte sur la table, plongèrent dans la sacoche, dont elles ressortirent crispées sur une liasse de billets de banque. Puis l'homme bondit en arrière, disparut par une petite porte ouvrant sous l'escalier et qui conduisait à la cave.

Une seconde, son visage apparut ainsi en pleine lumière. Il n'en fallut pas davantage pour que Jean Morénas, éperdu, affolé, le reconnût.

Cet homme, c'était celui qui venait de faire tomber les fers du galérien innocent, qui lui avait remis de l'or, qui l'avait protégé, guidé à travers la campagne jusqu'à quelques kilomètres de Sainte-Marie-des-Maures. C'est en vain qu'il avait supprimé la barbe postiche et la perruque avec lesquelles il avait essayé de modifier son visage. Il restait les yeux, le front, le nez, la bouche, la stature, et Jean ne pouvait s'y tromper.

Mais la suppression de la barbe postiche et de la perruque avait une autre conséquence plus surprenante et plus troublante encore. Dans cet homme, auquel était ainsi rendu son aspect naturel, dans cet homme qui venait de se révéler à la fois comme son sauveur et comme un assassin, Jean avait la stupeur de reconnaître son frère, Pierre, jadis disparu et qu'il n'avait pas vu depuis quinze ans !

Pour quelles raisons mystérieuses son frère et son sauveur ne faisaient-ils qu'une seule et même personne? Par quel concours de circonstances Pierre Morénas se trouvait-il précisément ce jour-là dans l'auberge de l'oncle Sandre? A quel titre y était-t-il? Pourquoi l'avait-il choisi comme théâtre de son crime?

Ces questions se pressaient tumultueusement dans l'esprit de Jean. Les faits y répondirent d'eux-mêmes.

Le meurtrier avait à peine disparu qu'une porte s'ouvrit au premier étage.

Sur la galerie de bois, apparut une jeune femme, auprès de laquelle se pressaient deux enfants en toilette de nuit, et qui tenait dans ses bras un troisième enfant tout petit. Jean, reconnut Marguerite. Marguerite avec ces enfants !.. Les siens de toute évidence !.. Elle avait donc renié, oublié l'innocent qui, loin d'elle, agonisait au bagne? Le malheureux comprit sur-le-champ l'inanité de son espoir.

« Pierre !.. mon Pierre !.. » appela la jeune femme d'une voix que l'angoisse faisait tremblante.

Tout à coup elle avisa le corps écroulé sur la table. Elle murmura : « O mon Dieu !.. », et descendit précipitamment, son petit enfant dans les bras, les deux autres se bousculant à sa suite en pleurant.

Elle courut jusqu'à l'homme étranglé, lui souleva la tête et poussa un soupir de soulagement. Elle ne comprenait rien à ce qui était survenu, mais tout valait mieux que ce qu'elle avait craint. L'homme mort n'était pas son mari.

Au même instant, on frappa rudement à la porte extérieure et plusieurs voix se firent entendre au dehors. Redoutant elle ne savait quoi, Marguerite recula vers l'escalier, comme un animal se rapproche de son refuge quand menace le danger, et resta debout sur la première marche, ses deux enfants cramponnés à sa jupe, tenant toujours le troisième dans ses bras.

De sa place, elle ne pouvait apercevoir la porte de la cave. Elle ne vit donc pas cette porte s'entr'ouvrir, et Pierre Morénas insinuer par l'ouverture sa tête que verdissait une peur bestiale. Mais Jean, par contre, découvrait l'ensemble du tableau : l'homme mort, Marguerite et ses enfants battant en retraite, Pierre, son frère — un assassin ! — à l'affût et sentant venir, menaçant, le châtiment suivant de près le crime. Dans son cerveau, les pensées se précipitèrent en tourbillon. Il comprit.

La présence de Pierre, son forfait d'aujourd'hui, l'incomplète accusation de l'oncle Sandre, éclairaient le passé. L'assassin d'aujourd'hui était l'assassin d'autrefois, et c'est pour son frère coupable que l'innocent avait payé. Puis, après que le temps eut apaisé le retentissement du drame, Pierre était revenu, il s'était fait aimer de Marguerite et avait une seconde fois détruit le bonheur du misérable qui se désespérait sous la rude férule des gardes-chiourme.

Ah mais ! tout cela allait finir !.. Jean n'avait qu'un mot à dire pour renverser cet échafaudage d'infamies et se venger en une fois de toutes les tortures subies. Un mot ?.. Même pas. Il n'avait qu'à se taire, à disparaître sans bruit comme il était venu. L'assassin ne pouvait échapper. Il était pris. Bientôt, il connaîtrait le bagne, lui aussi...

Et après ?..

Ce mot, Jean l'entendit, comme si un ironique contradicteur

l'eût prononcé à son oreille. Oui vraiment, et après?.. Qu'arriverait-il quand Pierre et Jean seraient tous deux revêtus de la livrée des galères? Cela rendrait-il au second son bonheur perdu. Hélas! Marguerite l'en aimerait-elle davantage, et n'en aurait-elle pas moins aimé cet homme qui tremblait en ce moment de la plus abjecte terreur? Car elle l'aimait, elle l'aimait de tout son être, la misérable femme. Sa voix, quand elle avait appelé Pierre, avait crié son amour. Elle l'exprimait encore maintenant par son attitude, debout, étreignant ses enfants dans ses bras, obstruant l'escalier de son corps, comme si elle eût voulu défendre l'accès du foyer contre un péril inconnu mais pressenti.

Dès lors, à quoi bon?.. La vengeance lui rendrait-elle un impossible bonheur? Cela le sauverait-il du désespoir d'y plonger Marguerite à son tour. N'y avait-il pas mieux à faire : laisser à celle qu'il adorait l'illusion de sa vie heureuse et conserver pour lui la douleur, toute la douleur, dont il avait, hélas! une si longue habitude? A quoi sa triste destinée pourrait-elle être mieux employée? Il n'était plus, ne pouvait plus être jamais rien. La route était barrée devant lui et rien n'existait plus qu'il lui fût permis d'espérer. Quel meilleur emploi de son être inutile que de le donner pour le salut d'un autre, d'un autre être qui déjà possédait son cœur, dont la vie serait sa vie, dont le bonheur serait le sien?..

Cependant, on s'acharnait au dehors. La porte forcée s'ouvrit. Quatre ou cinq hommes entrèrent, coururent à la victime, dont ils soulevèrent le visage.

« *Bou Diou!* s'écria l'un deux. C'est Mᵉ Cliquet!

— Le notaire! s'exclama un autre.

Ils s'empressèrent. Mᵉ Cliquet fut étendu sur la table. Sa poitrine se dilata aussitôt et un profond soupir sortit de ses lèvres.

— Dieu garde! dit un paysan, il n'est pas mort!

On aspergea d'eau froide le visage du notaire, qui ne tarda pas à ouvrir les yeux. Jean soupira tristement. Le meurtre

« Canaille!.. » cria-t-elle. (Page 135.)

n'étant pas complet. La victime ayant survécu, ce ne serait que le bagne pour le meurtrier. Il eût préféré l'échafaud.

— Qui est-ce qui vous a arrangé comme ça, M⁰ Cliquet? demanda un paysan.

Le notaire, qui reprenait péniblement sa respiration, esquissa un geste d'ignorance. De fait, il n'avait pas vu son assaillant.

— Cherchons! » proposa un autre.

En vérité, il ne leur faudrait pas chercher longtemps. Le coupable n'était pas loin, et, d'ailleurs, il allait sottement se livrer lui-même.

Comptant, en effet, profiter du premier désordre pour prendre la clef des champs, Pierre avait ouvert plus largement la petite porte qui l'abritait, et déjà il posait un pied sur le carreau de la salle, prêt à prendre son élan. Sans nul doute, il serait happé au passage. Et quand bien même il échapperait à ce danger, il en était un autre qu'il ne pourrait éviter. Nécessairement il lui faudrait passer devant Marguerite, qui n'avait pas quitté sa place, où elle gardait une immobilité de marbre. Celle-ci comprendrait alors.

Or, sauver le coupable était peu de chose, si le bonheur de Marguerite n'était pas sauvé en même temps. Pour cela, il fallait qu'elle pût continuer à aimer celui à qui elle s'était donnée, il fallait qu'elle ignorât, qu'elle ignorât toujours... Qui sait? Peut-être était-il trop tard... Peut-être le soupçon naissait-il déjà derrière ce front que pâlissait une mystérieuse épouvante...

Jean sortit brusquement de la pénombre projetée par le manteau de la cheminée et s'avança dans la lumière de la salle. Tous le reconnurent aussitôt : Pierre et Marguerite, qui fixèrent sur lui des yeux dilatés par l'étonnement, et les cinq paysans dont les visages eurent une expression complexe faite à la fois de la sympathie subsistant du passé et de l'horreur invincible qu'inspire nécessairement un forçat.

« Ne cherchez pas, dit Jean. C'est moi qui ai fait le coup. »

Personne ne dit mot. Non qu'on ne le crût pas. L'aveu était plausible, au contraire, car qui a tué peut tuer encore. Mais il était si inattendu que la surprise paralysait les poitrines.

Cependant, la scène avait changé dans ses détails. Pierre, maintenant se montrait tout entier hors de la porte et, sans que personne fît attention à lui, se rapprochait de Marguerite qui ne semblait pas s'apercevoir de sa présence. Celle-ci s'était redressée, le visage illuminé de bonheur et de haine. Bonheur de voir détruit, à peine formé, le soupçon qui l'avait effleurée; haine pour celui dont le crime avoué était cause qu'elle eût conçu l'abominable pensée.

C'est elle, c'est Marguerite que Jean regardait uniquement.

La jeune femme tendit le poing vers lui.

« Canaille !.. » cria-t-elle.

Sans répondre, Jean détourna la tête et offrit ses bras aux rudes poignes qui s'abattirent sur eux. On l'entraîna.

La porte, grande ouverte, découpait un rectangle noir, que Jean regardait avec passion. Sur ce fond obscur, un tableau cruel et doux se dessinait pour lui en traits précis. C'était, sous un implacable ciel bleu, un quai tout brûlé de soleil... Et, sur ce quai, se croisaient, portant de lourds fardeaux, des hommes aux pieds chargés de fers... Mais, au-dessus d'eux, brillait une éblouissante image, l'image d'une jeune femme qui tenait un petit enfant dans ses bras...

Jean, les yeux fixés sur cette image, disparut dans la nuit.

LE HUMBUG [1]

MŒURS AMÉRICAINES

Au mois de mars 1863, je m'embarquai sur le steamboat le *Kentucky*, qui fait le service entre New-York et Albany.

A cette époque de l'année, des arrivages considérables provoquaient entre les deux villes un grand mouvement commercial, qui n'avait, d'ailleurs, rien de très exceptionnel. Les négociants de New-York entretiennent, en effet, par leurs correspondants, des relations incessantes avec les provinces les plus éloignées et répandent ainsi les produits de l'Ancien

[1] Cette boutade inédite a été écrite vers 1863. M. J. V.

Monde, en même temps qu'ils exportent à l'étranger les marchandises de provenance nationale.

Mon départ pour Albany m'était une nouvelle occasion d'admirer l'activité de New-York. De tous côtés affluaient les voyageurs, les uns gourmandant les porteurs de leurs nombreux bagages, les autres seuls, comme de véritables touristes anglais, dont la garde-robe tient dans un sac imperceptible. On se précipitait, chacun se hâtant de retenir sa place à bord du paquebot, que la spéculation douait d'une élasticité toute américaine.

Déjà deux premiers coups de la cloche avaient porté l'effroi parmi les retardataires. L'embarcadère pliait sous le poids des derniers arrivants, qui sont, en général et partout, des gens dont le voyage ne peut se remettre sans notable préjudice. Cependant cette foule finit par se caser. Paquets et voyageurs s'empilèrent, s'emboîtèrent. La flamme grondait dans les tubes de la chaudière, le pont du *Kentucky* frémissait. Le soleil, s'efforçant de percer la brume du matin, réchauffait un peu cette atmosphère de mars, qui vous oblige à relever le collet de votre habit, à emprisonner vos mains dans vos poches, tout en disant : il fera beau aujourd'hui.

Comme mon voyage n'était point un voyage d'affaires, comme mon porte-manteau suffisait à contenir tout mon nécessaire et mon superflu, comme mon esprit ne se préoccupait ni de spéculations à tenter, ni de marchés à surveiller, je flânais à travers mes pensées, m'en remettant au hasard, cet ami intime des touristes, du soin de rencontrer en route quelque sujet de plaisir et de distraction, quand j'aperçus à trois pas de moi Mrs. Melvil, qui souriait de l'air le plus charmant du monde.

« Quoi ! vous, Mistress, m'écriai-je avec une surprise que ma joie seule pouvait égaler, vous affrontez les dangers et la foule d'un steamboat de l'Hudson !

— Sans doute, cher Monsieur, me répondit Mrs. Melvil en me donnant la main à la façon anglaise. D'ailleurs, je ne suis pas seule; ma vieille et bonne Arsinoé m'accompagne.

Elle me montra, assise sur un ballot de laine, sa fidèle négresse qui la considérait avec attendrissement. Le mot attendrissement mériterait d'être souligné dans cette circonstance, car il n'y a que les domestiques noirs qui sachent regarder ainsi.

— Quelque secours et quelque appui que puisse vous prêter Arsinoé, Mistress, dis-je, je m'estime heureux du droit qui m'appartient d'être votre protecteur pendant cette traversée.

— Si c'est un droit, me répondit-elle en riant, je ne vous en aurai aucune obligation. Mais comment se fait-il que je vous trouve ici? D'après ce que vous nous aviez dit, vous ne deviez faire ce voyage que dans quelques jours. Pourquoi ne nous avez-vous pas parlé de votre départ hier?

— Je n'en savais rien, répliquai-je. Je me suis décidé à partir pour Albany uniquement parce que la cloche du paquebot m'a tiré de mon sommeil à six heures du matin. Vous voyez à quoi cela tient. Si je ne m'étais réveillé qu'à sept heures, j'aurais peut-être pris la route de Philadelphie! Mais vous-même, Mistress, vous paraissiez hier soir la femme la plus sédentaire qui fût au monde.

— Sans doute! Aussi ne voyez-vous point ici Mrs. Melvil, mais seulement le premier commis d'Henri Melvil, négociant-armateur de New-York, allant surveiller l'arrivée d'un chargement à Albany. Vous ne comprenez pas cela, vous, l'habitant des pays trop civilisés du vieux monde!.. Mon mari ne pouvant quitter New-York ce matin, je vais le remplacer. Je vous prie de croire que les livres n'en seront pas moins bien tenus, ni les additions moins exactes.

— Je suis décidé à ne plus m'étonner de rien, m'écriai-je. Cependant, si pareille chose se passait en France, si les femmes faisaient les affaires de leurs maris, les maris ne tarderaient pas à faire celles de leurs femmes. Ce seraient eux qui joueraient du piano, découperaient des fleurs, broderaient des paires de bretelles...

— Vous ne flattez pas beaucoup vos compatriotes, répliqua Mrs. Melvil en riant.

— Au contraire! puisque je suppose que leurs femmes leur brodent des bretelles.

En ce moment, le troisième coup de la cloche se fit entendre. Les derniers voyageurs se précipitèrent sur le pont du *Kentucky*, au milieu des cris des marins, qui s'armaient de longues gaffes pour éloigner le bateau du quai.

J'offris mon bras à Mrs. Melvil et la conduisis un peu plus à l'arrière, où la foule était moins compacte.

— Je vous ai donné des lettres de recommandation pour Albany... commença-t-elle.

— Sans doute. Désirez-vous que je vous en remercie une millième fois?

— Non certainement, car elles vous deviennent complètement inutiles. Comme je me rends auprès de mon père, à qui elles sont adressées, vous me permettrez, non plus seulement de vous présenter, mais bien de vous offrir l'hospitalité en son nom?

— J'avais donc raison, dis-je, de compter sur le hasard pour faire un voyage charmant. Et cependant, vous et moi, nous avons failli ne pas partir.

— Pourquoi cela?

— Un certain voyageur, amateur de ces excentricités dont les Anglais avaient l'exclusif privilège avant la découverte de l'Amérique, voulait retenir pour lui seul le *Kentucky* tout entier.

— C'est donc un fils des Indes Orientales, qui voyage avec une suite d'éléphants et de bayadères?

— Ma foi non! J'assistais à son débat avec le capitaine qui repoussait sa demande, et je n'ai vu aucun éléphant se mêler à la conversation. Cet original semblait un gros homme fort réjoui, qui tenait à avoir ses coudées franches, voilà tout... Hé mais! c'est lui, Mistress! Je le reconnais... Apercevez-vous ce voya-

« Et mes colis, mille diables !.. » (Page 143.)

geur qui accourt sur le quai avec force gesticulations et clameurs ? Il va nous retarder encore, car le steamboat commence à quitter le bord. »

Un homme de taille moyenne, avec une tête énorme, ornée de deux buissons ardents de favoris rouges, vêtu d'une longue redingote à double collet, et coiffé d'un chapeau de gaucho à larges bords, arrivait, en effet, tout essoufflé sur le débarcadère, dont le pont volant venait d'être retiré. Il gesticulait, il se démenait, il criait, sans se préoccuper des rires de la foule amassée autour de lui.

« Ohé! du *Kentucky!*.. Mille diables! ma place est retenue, enregistrée, payée, et on me laisse à terre!.. Mille diables! capitaine, je vous rends responsable devant le Grand-Juge et ses assesseurs.

— Tant pis pour les retardataires! s'écria le capitaine en montant sur l'un des tambours. Il nous faut arriver à heure fixe, et la marée commence à perdre.

— Mille diables!.. hurla de nouveau le gros homme, j'obtiendrai cent mille dollars et plus de dommages-intérêts contre vous!.. Boby, s'écria-t-il, en se retournant vers l'un des deux noirs qui l'accompagnaient, occupe-toi des bagages et cours à l'hôtel, tandis que Dacopa démarrera quelque canot pour rejoindre ce damné *Kentucky*.

— C'est inutile, cria le capitaine, qui ordonna de larguer la dernière amarre.

— Hardi! Dacopa! fit le gros homme, en encourageant son nègre.

Celui-ci s'empara du câble au moment où le paquebot l'entraînait et en tourna vivement le bout sur l'un des organaux du quai. En même temps, l'obstiné voyageur se précipita dans une embarcation aux applaudissements de la foule, et, en quelques coups de godille, atteignit l'escalier du *Kentucky*. Il s'élança sur le pont, courut au capitaine et l'interpella vigoureusement, faisant à lui seul autant de bruit que dix hommes et parlant avec plus de volubilité que vingt commères. Le capitaine, ne pouvant placer un quart d'argument et voyant du reste que le voyageur avait fait acte de possession, résolut de ne plus s'en inquiéter. Il reprit son porte-voix et se dirigea vers la machine. Au moment où il allait donner le signal du départ, le gros homme revint sur lui, en s'écriant :

— Et mes colis, mille diables?

— Comment! vos colis!.. riposta le capitaine. Seraient-ce eux, par hasard, qui arrivent?

Des murmures éclatèrent parmi les voyageurs que ce nouveau retard impatientait.

— A qui en veut-on? s'écria l'intrépide passager. Ne suis-je pas un libre citoyen des États-Unis d'Amérique? Je m'appelle Augustus Hopkins, et si ce nom ne vous en dit pas assez... »

J'ignore si ce nom jouissait d'une influence réelle sur la masse des spectateurs. Quoi qu'il en soit, le capitaine du *Kentucky* fut forcé d'accoster pour embarquer les bagages d'Augustus Hopkins, libre citoyen des États-Unis d'Amérique.

« Il faut avouer, dis-je à Mrs. Melvil, que voilà un singulier homme.

— Moins singulier que ses colis, me répondit-elle, en me montrant deux camions qui amenaient à l'embarcadère deux énormes caisses de vingt pieds de haut, recouvertes de toiles cirées et ficelées au moyen d'un inextricable réseau de cordes et de nœuds. Le haut et le bas étaient indiqués en lettres rouges, et le mot « fragile », inscrit en caractères d'un pied, faisait trembler à cent pas à la ronde les représentants des administrations responsables.

Malgré les grognements provoqués par l'apparition de ces colis monstres, le sieur Hopkins fit tant, des pieds, des mains, de la tête et des poumons, qu'ils furent déposés sur le pont, après des peines et des retards considérables. Enfin le *Kentucky* put quitter le quai, et remonta l'Hudson au milieu des navires de toutes sortes qui le sillonnaient.

Les deux noirs d'Augustus Hopkins s'étaient installés à poste fixe auprès des caisses de leur maître. Celles-ci avaient le privilège d'exciter au plus haut point la curiosité des passagers. La plupart se pressaient aux alentours, en se laissant aller à toutes les suppositions excentriques que peut fournir une imagination d'outre-mer. Mrs. Melvil elle-même semblait s'en préoccuper vivement, tandis que, en ma qualité de Français, je mettais tous mes soins à feindre l'indifférence la plus complète.

« Quel singulier homme vous faites! me dit Mrs. Melvil. Vous ne vous inquiétez pas du contenu de ces deux monuments. Pour mon compte, la curiosité me dévore.

— Je vous avouerai, répondis-je, que tout ceci m'intéresse peu. En voyant arriver ces deux immensités, j'ai fait tout de suite les suppositions les plus hasardées. Ou elles contiennent une maison à cinq étages avec ses locataires, me suis-je dit, ou elles ne renferment rien du tout. Or, dans ces deux cas, qui sont les plus bizarres qu'on puisse imaginer, je n'éprouverais pas une surprise extraordinaire. Cependant, Mistress, si vous le désirez, je vais recueillir quelques renseignements que je vous transmettrai.

— Volontiers, me répondit-elle, et, pendant votre absence, je vérifierai ces bordereaux. »

Je laissai ma singulière compagne de voyage repasser ses additions avec la rapidité des caissiers de la Banque de New-York, lesquels, dit-on, n'ont qu'à jeter un coup d'œil sur une colonne de chiffres pour en connaitre immédiatement le total.

Tout en songeant à cette organisation bizarre, à cette dualité de l'existence chez ces charmantes femmes américaines, je me dirigeai vers celui qui servait de cible à tous les regards, de sujet à toutes les conversations.

Quoique ses deux caisses dérobassent complètement à la vue l'avant du navire et le cours de l'Hudson, le timonier dirigeait le steamboat avec une confiance absolue, sans se préoccuper des obstacles. Pourtant, ils devaient être nombreux, car jamais fleuves, sans en excepter la Tamise, ne furent sillonnés par plus de bâtiments que ceux des États-Unis. A une époque où la France ne comptait en douane que douze à treize mille navires, où l'Angleterre atteignait un chiffre de quarante mille, les États-

Unis en comptaient déjà soixante mille, parmi lesquels deux mille bateaux à vapeur allaient troubler les flots de toutes les mers du monde. On peut juger, par ces nombres, du mouvement commercial et s'expliquer aussi les fréquents accidents dont les fleuves américains sont le théâtre.

Il est vrai que ces catastrophes, ces rencontres, ces naufrages, sont de peu d'importance aux yeux de ces hardis négociants. C'est même une activité nouvelle donnée aux Sociétés d'assurances, qui feraient de bien mauvaises affaires, si leurs primes n'étaient pas exorbitantes. A poids et à volume égaux, un homme, en Amérique, a moins de valeur et d'importance qu'un sac de charbon de terre ou qu'une balle de café.

Peut-être les Américains ont-ils raison, mais, moi, comme j'aurais donné toutes les mines de houille et tous les champs de caféiers du globe pour ma petite personne française! Or, je n'étais pas sans inquiétude sur l'issue de notre voyage à toute vapeur à travers une multitude d'obstacles.

Augustus Hopkins ne semblait pas partager mes craintes. Il devait être de ces gens qui sautent, déraillent, sombrent, plutôt que de manquer une affaire. En tout cas, il ne se préoccupait nullement de la beauté des rives de l'Hudson, qui s'enfuyaient rapidement vers la mer. Entre New-York, le point de départ, et Albany, le point d'arrivée, il n'y avait pour lui que dix-huit heures de temps perdu. Les délicieuses stations de la rive, les bourgs groupés d'une façon pittoresque, les bois jetés çà et là dans la campagne comme des bouquets au pied d'une *prima donna*, le cours animé d'un fleuve magnifique, les premières émanations du printemps, rien ne pouvait tirer cet homme de ses préoccupations spéculatives. Il allait et venait d'un bout à l'autre du *Kentucky*, en marmottant des phrases inachevées, ou bien, s'asseyant précipitamment sur un ballot de marchandises, il retirait de l'une de ses nombreuses poches un large et épais portefeuille bourré de papiers de mille sortes. Je crus même voir qu'il étalait à dessein cette collection de toutes les paperasses de la bureaucratie commerciale. Il furetait avidement dans une correspondance énorme et déployait des lettres datées de tous les pays, stygmatisées par les timbres de tous les bureaux de poste du monde, et dont il parcourait les lignes serrées avec un acharnement fort remarquable et, je crois, fort remarqué.

Il me parut donc impossible de m'adresser à lui pour apprendre quelque chose. En vain plusieurs curieux avaient voulu faire jaser les deux noirs mis en faction auprès des caisses mystérieuses; ces deux enfants de l'Afrique avaient gardé un mutisme absolu, en contradiction avec leur loquacité habituelle.

Je me disposais donc à retourner auprès de Mrs. Melvil, et à lui rapporter mes impressions personnelles, quand je me trouvai dans un groupe au centre duquel pérorait le capitaine du *Kentucky*. Il était question d'Hopkins.

« Je vous le répète, disait le capitaine, cet original n'en fait jamais d'autres. Voilà dix fois qu'il remonte l'Hudson, de New-York à Albany, voilà dix fois qu'il s'arrange pour arriver en retard, voilà dix fois qu'il transporte des chargements pareils. Qu'est-ce que tout cela devient? Je l'ignore. Le bruit court que Mr. Hopkins monte une grande entreprise à quelques lieues d'Albany, et que, de toutes les parties du monde, on lui expédie des marchandises inconnues.

— Ce doit être un des principaux agents de la Compagnie des Indes, dit l'un des assistants, qui vient fonder un comptoir en Amérique.

— Ou plutôt un riche propriétaire de placers californiens, répondit un autre. Il doit y avoir sous jeu quelque fourniture...

— Ou quelque adjudication que l'on pourrait soumissionner, riposta un troisième. Le *New York Herald* semblait le faire pressentir ces jours derniers.

— Nous ne tarderons pas, reprit un quatrième, à voir émettre les actions d'une nouvelle compagnie au capital de cinq cents millions. Je m'inscris le premier pour cent actions de mille dollars.

— Pourquoi le premier? répliqua quelqu'un. Auriez-vous déjà des promesses dans cette affaire? Moi, je suis tout prêt à verser le montant de deux cents actions, et davantage au besoin.

— S'il en reste après moi! s'écria de loin quelqu'un dont je ne pus apercevoir la figure. C'est évidemment de l'établissement d'un chemin de fer d'Albany à San-Francisco qu'il s'agit, et le banquier qui en sera l'adjudicataire est mon meilleur ami.

— Que parlez-vous de chemin de fer! Ce Mr. Hopkins vient installer un câble électrique à travers le lac Ontario, et ces grandes caisses contiennent des lieues de fils et de gutta percha.

— A travers le lac Ontario! Mais c'est une affaire d'or! Où est ce gentleman? s'écrièrent plusieurs négociants pris du démon de la spéculation. Mr. Hopkins voudra bien nous exposer son entreprise. A moi les premières actions!..

— A moi, s'il vous plait, Mr. Hopkins!..

— Non, à moi!...

— Non, à moi! J'offre mille dollars de prime!.. »

Les demandes, les réponses se croisaient, et la confusion devenait générale. Bien que la spéculation ne me tentât pas, je suivis le groupe d'agioteurs qui se dirigeaient vers le héros du *Kentucky*. Hopkins fut bientôt entouré d'une foule compacte sur laquelle il ne daigna même pas lever les yeux. De longues files de chiffres, des nombres qui possédaient d'imposantes suites de zéros, s'allongeaient sur son vaste portefeuille. Les quatre opérations de l'arithmétique pullulaient sous son crayon. Les millions s'échappaient de ses lèvres avec la rapidité d'un torrent; il semblait en proie à la frénésie des calculs. Le silence s'établit autour de lui, en dépit des orages soulevés dans toutes ces têtes américaines par la passion du commerce.

Enfin, après une opération monstre, dans laquelle maître Augustus Hopkins écrasa trois fois son crayon sur un 1 majestueux qui commandait une armée de huit zéros magnifiques, il prononça ces deux mots sacramentels :

« Cent millions. »

Puis il replia rapidement ses papiers dans son terrible portefeuille et tira de sa poche une montre ornée d'un double rang de perles fines.

« Neuf heures ! Déjà neuf heures ! s'écria-t-il. Ce maudit bateau ne marche donc pas ! Le capitaine ?.. Où est le capitaine ? »

Ce disant, Hopkins traversa brusquement le triple rang de la foule qui l'assiégeait, et aperçut le capitaine penché sur l'écoutille de la machine, d'où celui-ci donnait quelques ordres au mécanicien.

« Savez-vous, capitaine, fit-il avec importance, savez-vous qu'un retard de dix minutes peut me faire manquer une affaire considérable ?

— A qui parlez-vous de retard, répondit le capitaine stupéfait d'un pareil reproche, quand vous seul en êtes la cause ?

— Si vous ne vous étiez pas entêté à me laisser à terre, riposta Hopkins, en élevant la voix à un diapason supérieur, vous n'auriez pas perdu un temps qui vaut cher à cette époque de l'année.

— Et si, vous et vos caisses, vous aviez pris la précaution d'arriver à l'heure, répliqua le capitaine irrité, nous eussions pu profiter de la marée montante, et nous serions de trois bons milles plus loin.

— Je n'entre point dans ces considérations. Je dois être avant minuit à l'hôtel Washington, à Albany, et, si j'arrive après minuit, il vaudrait mieux pour moi n'avoir pas quitté New-York. Je vous préviens que, dans ce cas, j'attaquerai votre administration et vous en dommages-intérêts.

— Vous me laisserez en repos, peut-être ! s'écria le capitaine qui commençait à se fâcher.

ET HOPKINS JETA DANS LA CHAMBRE DE LA MACHINE UNE BOURSE... (PAGE 151.)

— Non, certainement, tant que votre pusillanimité et vos économies de combustible me mettront en danger de perdre dix fortunes!... Allons! chauffeurs, quatre ou cinq bonnes pelletées de charbon dans vos fourneaux, et vous, mécanicien, mettez-moi le pied sur la soupape de votre chaudière, pour que nous regagnions le temps perdu! »

Et Hopkins jeta dans la chambre de la machine une bourse où brillaient quelques dollars.

Le capitaine entra dans une violente colère, mais notre enragé voyageur trouva moyen de crier plus haut et plus longtemps que lui. Quant à moi, je m'éloignai rapidement du lieu du conflit, sachant que cette recommandation faite au mécanicien de charger la soupape, pour augmenter la pression de la vapeur et accélérer la marche du navire, ne tendait à rien moins qu'à faire éclater la chaudière.

Il est inutile de dire que nos compagnons de voyage trouvèrent l'expédient tout simple. Aussi n'en parlai-je pas à Mrs. Melvil, qui eût ri aux larmes de mes craintes chimériques.

Quand je la rejoignis, ses vastes calculs étaient terminés, et les soucis commerciaux ne plissaient plus son front charmant.

« Vous avez quitté le négociant, dit-elle, et vous retrouvez la femme du monde. Vous pouvez donc l'entretenir de ce qui vous plaira, lui parler art, sentiment, poésie...

— Parler d'art, m'écriai-je, de rêves et de poésie, après ce que j'ai vu, ce que j'ai entendu! Non, non! je suis tout imprégné d'un esprit mercantile, je n'entends plus que le son des dollars et je suis ébloui par leur éclat splendide. Je ne vois plus dans ce beau fleuve qu'une route très commode pour les marchandises, dans ces rives charmantes qu'un chemin de hallage, dans ces jolis bourgs qu'une série de magasins à sucre et à coton, et je songe sérieusement à jeter un barrage sur l'Hudson et à utiliser ses eaux pour faire tourner un moulin à café!

— Eh mais! moulin à café à part, c'est une idée, cela!

— Pourquoi, s'il vous plaît, n'aurais-je pas des idées comme un autre ?

— Vous avez donc été piqué par le taon de l'industrie ? demanda Mrs. Melvil en riant.

— Jugez-en vous-même, répondis-je.

Je lui racontai les diverses scènes dont j'avais été témoin. Elle écouta mon récit gravement, comme il convient à toute intelligence américaine, et se mit à réfléchir. Une Parisienne ne m'en aurait pas laissé dire la moitié.

— Eh bien, Mistress, que pensez-vous de cet Hopkins ?

— Cet homme, me répondit-elle, peut être un grand génie spéculateur qui fonde une entreprise gigantesque, ou tout bonnement un montreur d'ours de la dernière foire de Baltimore. »

Je me mis à rire et la conversation aiguilla vers d'autres sujets.

Notre voyage se termina sans nouveaux incidents, si ce n'est qu'Hopkins faillit jeter une de ses immenses caisses à l'eau, en voulant la déplacer malgré le capitaine. La discussion qui suivit lui servit encore à proclamer l'importance de ses affaires et la valeur de ses colis. Il déjeuna et dîna comme un homme qui n'a pas pour but de réparer ses forces, mais bien de dépenser le plus d'argent possible. Enfin, lorsque nous arrivâmes à destination, il n'était pas un voyageur qui ne fût disposé à raconter des merveilles de ce personnage extraordinaire.

Le *Kentucky* accosta le quai d'Albany avant l'heure fatale de minuit. J'offris mon bras à Mrs. Melvil, tout en m'estimant heureux d'être débarqué sain et sauf, tandis que maître Augustus Hopkins, après avoir fait enlever à grand bruit ses deux caisses merveilleuses, entrait triomphalement, suivi d'une foule considérable, à l'hôtel *Washington*.

Je fus reçu par Mr. Francis Wilson, père de Mrs. Melvil, avec cette grâce et cette franchise qui ajoutent tant de prix à l'hospitalité. Malgré mes défaites, je fus obligé d'accepter une jolie chambre bleue dans la demeure de l'honorable négociant. Je ne puis donner le nom d'hôtel à cette maison immense, dont les spacieux appartements paraissent sans importance auprès des vastes magasins où regorgent les marchandises de tous les pays. Un monde d'employés, d'ouvriers, de commis, de manœuvres, fourmille dans cette véritable cité, dont les maisons de commerce du Havre et de Bordeaux ne donnent qu'une imparfaite idée. Malgré les occupations de tout genre du maître de la maison, je fus traité comme un évêque, et je n'eus pas même besoin de demander, voire de désirer. Au surplus, le service était fait par des noirs, et, quand une fois on a été servi par des noirs, on ne peut plus l'être que par soi-même.

Le lendemain, je me promenai dans la délicieuse ville d'Albany dont le nom seul m'avait toujours charmé. J'y retrouvai toute l'activité de New-York. Pareil mouvement d'affaires, égale multiplicité des intérêts. La soif de gain des gens de commerce, leur ardeur au travail, leur besoin d'extraire l'argent par tous les procédés que l'industrie ou la spéculation découvre, n'ont pas chez les commerçants du Nouveau-Monde l'aspect répulsif qu'ils produisent parfois chez leurs collègues d'outremer. Il y a dans leur manière d'agir une certaine grandeur très sympathique. On conçoit que ces gens-là aient besoin de beaucoup gagner, parce qu'ils dépensent de même.

A l'heure des repas, qui furent ordonnés avec luxe, et pendant la soirée, la conversation, d'abord générale, ne tarda pas à se spécialiser. On en vint à causer de la ville, de ses plaisirs, de son théâtre. Mr. Wilson me sembla très au courant de ces amusements mondains, mais il me parut aussi Américain qu'on peut l'être, quand nous en arrivâmes à parler de ces excentricités de villes entières, dont on s'est fort occupé en Europe.

« Vous faites allusion, me dit Mr. Wilson, à notre attitude à l'égard de la célèbre Lola Montès?

— Sans doute, répondis-je. Il n'y a que les Américains qui aient pu prendre au sérieux la comtesse de Lansfeld.

— Nous la prenions au sérieux, répondit Mr. Wilson, parce qu'elle agissait sérieusement, de même que nous n'accordons aucune importance aux affaires les plus graves, lorsqu'elles sont traitées légèrement.

— Ce qui vous choque sans doute, dit Mrs. Mervil d'un ton moqueur, c'est que Lola Montès, entre autres choses, ait visité nos pensionnats de jeunes filles?

— J'avouerai franchement, répondis-je, que le fait m'a paru bizarre, car cette charmante danseuse n'est pas un exemple à proposer aux jeunes filles.

— Nos jeunes filles, répliqua Mr. Wilson, sont élevées d'une façon plus indépendante que les vôtres. Quand Lola Montès visita leurs pensionnats, ce ne fut ni la danseuse de Paris, ni la comtesse de Lansfeld de Bavière, qui s'y présenta, mais une femme célèbre dont la vue ne pouvait être que très agréable. Il n'en résulta aucune fâcheuse conséquence pour les enfants qui l'observaient avec curiosité. C'était une fête, un plaisir, une distraction, voilà tout. Où est le mal dans tout cela?

— Le mal est que ces ovations extraordinaires gâtent les grands artistes. Ils ne seront plus possibles, quand ils reviendront de leurs tournées aux États-Unis.

— Ont-ils donc eu à se plaindre? demanda Mr. Wilson vivement.

— Au contraire, répondis-je, mais comment Jenny Lind, par exemple, pourra-t-elle se trouver honorée d'une hospitalité européenne, quand, ici, elle voit les hommes les plus recommandables s'atteler à sa voiture au milieu des fêtes publiques? Quelle réclame vaudra jamais la célèbre fondation des hôpitaux faite par son impresario?

— Vous parlez comme un jaloux, riposta Mrs. Mervil. Vous en voulez à cette éminente artiste de n'avoir jamais consenti à se faire entendre à Paris.

— Non, certainement, Mistress, et d'ailleurs je ne lui conseille pas d'y venir, car elle n'y rencontrerait pas l'accueil que vous lui avez fait ici.

— Vous y perdez, dit Mr. Wilson.

— Moins qu'elle-même, selon moi.

— Vous y perdez au moins des hôpitaux, dit en riant Mrs. Mervil.

La discussion se prolongea sur un ton enjoué. Au bout de quelques instants, Mr. Wilson me dit :

— Puisque ces exhibitions et ces réclames vous intéressent, vous tombez à merveille. Demain a lieu l'adjudication des premiers billets pour le concert de Mme Sontag.

— Une adjudication, ni plus ni moins que s'il s'agissait d'un chemin de fer?

— Sans doute, et l'acquéreur qui s'est posé jusqu'ici avec les plus audacieuses prétentions est tout simplement un honnête chapelier d'Albany.

— C'est donc un mélomane, demandais-je.

— Lui!.. ce John Turner!.. il déteste la musique. C'est pour lui le plus désagréable des bruits.

— Alors, quel est son but?

— Se bien poser dans l'esprit du public. C'est de la réclame. On parlera de lui, non seulement dans la ville, mais dans toutes les provinces de l'Union, en Amérique comme en Europe, et on lui achètera des chapeaux, et il en expédiera des pacotilles, et il en fournira le monde entier !

— Pas possible !

— Vous verrez ça demain, et si vous avez besoin d'un chapeau...

— Je n'en achèterai pas chez lui! Ils doivent être détestables.

— Ah! l'enragé Parisien! » s'écria Mrs. Melvil en se levant.

Je pris congé de mes hôtes, et j'allai rêver de ces étrangetés américaines.

Le lendemain, j'assistai à l'adjudication du fameux premier

billet pour le concert de Mme Sontag, avec un sérieux qui eût fait honneur au plus flegmatique habitant de l'Union. Le chapelier John Turner, le héros de cette nouvelle excentricité, attirait tous les regards. Ses amis l'abordaient et le complimentaient comme s'il eût sauvé l'indépendance de son pays. D'autres l'encourageaient. Il s'établit des paris sur sa chance et sur celle de plusieurs concurrents au même honneur.

L'enchère commença. Le premier billet monta rapidement de quatre dollars à deux et trois cents. John Turner se considérait comme assuré d'enchérir le dernier. Il n'ajoutait jamais qu'une faible somme au prix fixé par ses adversaires, car il suffisait à ce brave homme de l'emporter d'un seul dollar, et il comptait en consacrer, s'il le fallait, un millier à l'acquisition de cette précieuse place. Les nombres trois, quatre, cinq et six cents se succédèrent avec assez de rapidité. L'assistance était surexcitée au plus haut point, et des grognements approbateurs saluaient chaque enchérisseur un peu audacieux. Ce premier billet avait un prix infini aux yeux de tous, et on s'inquiétait fort peu des autres. En un mot, c'était une affaire d'honneur.

Tout à coup, un hurrah plus prolongé que les autres retentit. Le chapelier s'était écrié d'une voix forte :

« Mille dollars!

— Mille dollars, répétait l'agent du contrôle. Personne ne met rien au-dessus?.. Mille dollars le premier billet du concert!.. Personne ne dit mot?..

Pendant le silence qui séparait ces diverses exclamations, on sentait un sourd frémissement courir dans la salle. J'étais impressionné en dépit de moi-même. Turner, certain de son triomphe, promenait un regard satisfait sur ses admirateurs. Il tenait à la main une liasse de billets de l'une des six cents banques des États-Unis, et les agitait, tandis que ces mots retentissaient encore une fois :

— Mille dollars!..

TOUTE LA POPULATION SE PORTA SUR LE THÉATRE DE L'ÉVÉNEMENT... (PAGE 160.)

— Trois mille dollars! cria une voix qui me fit tourner la tête.
— Hurrah! s'écria la salle enthousiasmée.
— Trois mille dollars, répéta l'agent.

Devant un pareil acquéreur, le chapelier avait baissé la tête et s'était enfui, inaperçu au milieu de l'enthousiasme universel.

— Adjugé à trois mille dollars! » dit l'agent.

Je vis alors s'avancer Augustus Hopkins en personne, le libre citoyen des États-Unis d'Amérique. Évidemment, il passait à l'état d'homme célèbre, et il ne restait plus qu'à composer des hymnes en son honneur.

Je m'échappai difficilement de la salle, et c'est à grand'peine que je parvins à me frayer un chemin parmi les dix mille personnes qui attendaient à la porte le triomphant acquéreur. Dès qu'il parut, des acclamations le saluèrent. Pour la seconde fois depuis la veille, il fut reconduit à l'hôtel Washington par la population très emballée. Cependant, il saluait d'un air à la fois modeste et superbe, et, le soir, à la demande générale, il parut au grand balcon de l'hôtel, applaudi par une foule en délire.

« Eh bien, qu'en pensez-vous? me dit Mr. Wilson, quand, après le dîner, je le mis au courant des incidents de la journée.

— Je pense qu'en ma qualité de Français et de Parisien, Mme Sontag mettra très gracieusement une place à ma disposition, sans que j'aie besoin de la payer une quinzaine de mille francs.

— Je le pense aussi, me répondit Mr. Wilson, mais, si ce Mr. Hopkins est un homme habile, ces trois mille dollars peuvent lui en rapporter cent mille. Un homme qui est parvenu à son degré d'excentricité n'a qu'à se baisser pour ramasser des millions.

— Que peut-il être, cet Hopkins? » demanda Mrs. Melvil.

C'est ce que la ville d'Albany tout entière se demandait en même temps.

Les événements se chargèrent de répondre. Quelques jours plus tard, en effet, de nouvelles caisses de forme et de dimension encore plus extraordinaires arrivèrent par le steam-boat de New-York. L'une d'entre elles, qui avait l'aspect d'une maison, s'engagea imprudemment, ou prudemment comme on voudra, dans une des rues étroites des faubourgs d'Albany. Bientôt, elle ne put avancer, et il lui fallut demeurer là, immobile comme un quartier de roche. Pendant vingt-quatre heures, toute la population de la ville se porta sur le théâtre de l'événement. Hopkins profitait de ces attroupements pour faire des speechs éblouissants. Il tonnait contre les architectes ignares de l'endroit et ne parlait de rien moins que de faire changer l'alignement des rues de la ville pour donner passage à ses colis.

Il devint évident bientôt qu'il fallait opter entre deux partis, ou démolir la caisse dont le contenu piquait la curiosité, ou abattre la masure qui lui faisait obstacle. Les curieux d'Albany auraient sans doute préféré le premier parti, mais Hopkins ne l'entendait pas ainsi. Les choses cependant ne pouvaient demeurer en cet état. La circulation était interrompue dans le quartier, et la police menaçait de faire procéder juridiquement à la démolition de la damnée caisse. Hopkins trancha la difficulté en achetant la maison qui le gênait, puis il la fit abattre.

Je laisse à penser si ce dernier trait le plaça au plus haut point de la célébrité. Son nom et son histoire circulèrent dans tous les salons. Il ne fut question que de lui au Cercle des *Indépendants* et au Cercle de l'*Union*. De nouveaux paris s'établirent dans les cafés d'Albany sur les projets de cet homme mystérieux. Les journaux se livrèrent aux suppositions les plus hasardées, qui détournèrent momentanément l'attention publique de difficultés survenues entre Cuba et les États-Unis. Je crois même qu'un duel eut lieu entre un négociant et un officier de la ville, et que le champion d'Hopkins triompha en cette occasion.

Aussi, lorsque eut lieu le concert de Mme Sontag, auquel j'assistais d'une façon moins bruyante que notre héros, celui-ci faillit par sa présence changer le but de la réunion.

Enfin le mystère fut expliqué, et bientôt Augustus Hopkins ne chercha plus à le dissimuler. Cet homme était tout simplement un entrepreneur qui venait fonder une sorte d'Exposition Universelle aux environs d'Albany. Il tentait pour son propre compte une de ces entreprises colossales, dont jusqu'ici les gouvernements s'étaient réservé le monopole.

Dans ce but, il avait acheté, à trois lieues d'Albany, une immense plaine inculte. Sur ce terrain abandonné ne s'élevaient plus que les ruines du fort William, qui protégeait autrefois les comptoirs anglais sur la frontière du Canada. Hopkins s'occupait déjà d'embrigader des ouvriers pour commencer ses travaux gigantesques. Ses immenses caisses renfermaient sans doute des outils, des machines, en vue de ses constructions.

Dès que cette nouvelle se répandit à la Bourse d'Albany, les négociants s'en préoccupèrent au plus haut point. Chacun d'eux chercha à s'entendre avec le grand entrepreneur pour lui arracher des promesses d'actions. Mais Hopkins répondait évasivement à toutes les demandes. Cela n'empêcha pas un cours fictif de s'établir pour ces actions imaginaires, et l'affaire commença dès lors à prendre une extension énorme.

« Cet homme, me dit un jour Mr. Wilson, est un spéculateur très habile. J'ignore s'il est millionnaire ou gueux, car il faut être Job ou Rothschild pour tenter de telles entreprises, mais il fera certainement une immense fortune.

— Je ne sais plus que croire, mon cher Mr. Wilson, ni lequel des deux admirer, de l'homme qui ose de semblables affaires, ou du pays qui les soutient et les préconise, sans en demander davantage.

— C'est ainsi que l'on réussit, mon cher Monsieur.

— Ou qu'on se ruine, répondis-je.

— Eh bien, répliqua Mr. Wilson, sachez qu'en Amérique une faillite enrichit tout le monde et ne ruine personne. »

Je ne pouvais avoir raison contre Mr. Wilson que par les faits eux mêmes. Aussi, j'attendis impatiemment le résultat de ces manœuvres et de ces réclames qui m'intéressaient au plus haut point. Je recueillais les moindres nouvelles sur l'entreprise d'Augustus Hopkins, et je lisais les journaux qui nous en entretenaient chaque jour. Un premier départ d'ouvriers avait eu lieu, et les ruines du fort William commençaient à disparaître. Il n'était plus question que de ces travaux dont le but excitait un véritable enthousiasme. Les propositions arrivaient de tous côtés, de New-York comme d'Albany, de Boston et de Baltimore. Les « musical instruments », les « daguerreotype pictures », les « abdominal supporters », les « centrifugal pumps », les « squave pianos » s'inscrivaient pour figurer aux meilleures places, et l'imagination américaine allait toujours bon train. On assura qu'autour de l'Exposition s'élèverait une ville tout entière. On prêtait à Augustus Hopkins le projet de fonder une cité rivale de la Nouvelle-Orléans et de lui donner son nom. On ajouta bientôt que cette ville, fortifiée bien entendu à cause de sa proximité de la frontière, ne tarderait pas à devenir la capitale des États-Unis ! etc., etc.

Pendant que ces exagérations couraient et se multipliaient dans les cerveaux, le héros du mouvement demeurait à peu près silencieux. Il venait régulièrement à la Bourse d'Albany, s'enquérait des affaires, prenait note des arrivages, mais il n'ouvrait pas la bouche sur ses vastes desseins. On s'étonnait même qu'un homme de sa force ne fît aucune publicité proprement dite. Peut-être dédaignait-il ces moyens ordinaires de lancer une entreprise et s'en remettait-il à son propre mérite.

Or, les choses en étaient à ce point, quand un beau matin le *New York Herald* inséra dans ses colonnes la nouvelle suivante :

« Chacun sait que les travaux de l'Exposition Universelle
» d'Albany avancent avec rapidité. Déjà les ruines du vieux fort
» William ont disparu, et les fondations de merveilleux monu-
» ments se creusent au milieu de l'enthousiasme général. L'autre

» jour, la pioche d'un ouvrier a mis à découvert les restes d'un
» squelette énorme évidemment enfoui depuis des milliers d'an-
» nées. Empressons-nous d'ajouter que cette découverte ne re-
» tardera en rien les travaux qui doivent donner aux Etats-Unis
» d'Amérique une huitième merveille du monde. »

J'accordai à ces quelques lignes l'indifférente attention due aux innombrables faits divers qui pullulent dans les journaux américains. Je ne me doutais pas du parti qu'on en devait tirer plus tard. Il est vrai que cette découverte prit dans la bouche d'Augustus Hopkins une importance extraordinaire. Autant il avait montré de réserve à s'expliquer sur ses projets ultérieurs relativement à sa grande entreprise, autant il fut prodigue de discours, de narrations, de réflexions, de déductions, sur l'exhumation de ce prodigieux squelette. On eût dit qu'il rattachait à cette trouvaille tous ses plans de fortune et de spéculation.

Il parait, du reste, que cette trouvaille était véritablement miraculeuse. Les fouilles étaient pratiquées, suivant les ordres d'Hopkins, de façon à rencontrer l'autre extrémité du fossile gigantesque, et trois jours de travail opiniâtre n'amenaient encore aucun résultat. On ne pouvait donc prévoir jusqu'où allaient ses dimensions surprenantes, quand Hopkins, qui faisait exécuter lui-même de profondes excavations à deux cents pieds des premières, aperçut enfin le bout de cette carcasse cyclopéenne. La nouvelle s'en répandit aussitôt avec une rapidité électrique, et ce fait unique dans les annales de la géologie prit le caractère d'un événement mondial.

Avec leur humeur impressionnable, *exagérante* et mobile, les Américains ne tardèrent pas à répandre la nouvelle, dont ils accrurent l'importance à plaisir. On se demanda d'où pouvaient provenir ces vastes débris, ce qu'il fallait conclure de leur existence dans le sol indigène, et des études furent entreprises à ce sujet par l'*Albany Institute*.

Cette question, je l'avoue, m'intéressait autrement que les splendeurs futures du Palais de l'Industrie et les spéculations excentriques du Nouveau-Monde. Je me mis à l'affût des plus petits incidents de l'affaire. Ce ne fut pas difficile, car les journaux la traitèrent sous toutes les formes possibles. Je fus d'ailleurs assez heureux pour en apprendre le détail du citoyen Hopkins lui-même.

Depuis son apparition dans la cité d'Albany, cet homme extraordinaire avait été recherché par la meilleure société de la ville. Aux États-Unis où la classe noble est la classe commerçante, il était tout naturel qu'un si hardi spéculateur fût reçu avec les honneurs dus à son rang. Aussi fut-il accueilli dans les cercles, dans les thés de famille, avec un empressement fort caractéristique. Un soir, je le rencontrai dans le salon de Mr. Wilson. Naturellement, on ne s'entretenait que du fait du jour, et d'ailleurs, Mr. Hopkins allait de lui-même au-devant de toutes les interrogations.

Il nous fit une description intéressante, profonde, érudite, et pourtant spirituelle, de sa découverte, de la manière dont elle s'était produite et de ses conséquences incalculables. Il laissa en même temps entrevoir qu'il méditait d'en tirer un parti spéculatif.

« Seulement, nous dit-il, nos travaux sont momentanément arrêtés, car, entre les premières et les dernières fouilles qui ont mis à découvert les extrémités de ce squelette, s'étend une certaine quantité de terrain, sur lequel s'élèvent déjà quelques-unes de mes constructions nouvelles.

— Mais êtes-vous certain, lui demanda-t-on, que les deux extrémités de l'animal se rejoignent sous cette portion inexplorée du sol?

— Cela ne peut faire le moindre doute, répondit Hopkins avec assurance. A en juger par les fragments osseux que nous avons déterrés, cet animal doit avoir des proportions gigantesques et dépassera de beaucoup la taille du fameux mastodonte découvert autrefois dans la vallée de l'Ohio.

— Vous croyez! s'écria un certain Mr. Cornut, espèce de naturaliste qui faisait de la science comme ses compatriotes font du commerce.

— J'en suis certain, répondit Hopkins. Par sa structure, ce monstre appartient évidemment à l'ordre des pachydermes, car il possède tous les caractères si bien décrits par M. de Humboldt.

— Quel malheur, m'écriai-je, qu'on ne puisse le déterrer tout entier!

— Et qui nous en empêche? demanda vivement le Cornut.

— Mais... ces constructions nouvellement élevées... »

A peine avais-je énoncé cette énormité qui me semblait, à moi, tomber sous le sens, que je me vis le centre d'un cercle de sourires dédaigneux. Il paraissait très simple à ces braves négociants de tout abattre, voire un monument, pour déterrer un contemporain du déluge. Personne ne fut donc surpris d'entendre Hopkins dire qu'il avait déjà donné des ordres à ce sujet. Chacun l'en félicita du fond du cœur, et trouva que le hasard avait raison de favoriser les hommes entreprenants et audacieux. Pour mon compte, je le complimentai sincèrement, et je m'engageai à visiter l'un des premiers sa merveilleuse découverte. Je lui promis même de me rendre à *Exhibition Parc*, dénomination déjà tombée dans le domaine public, mais il me pria d'attendre que les fouilles fussent complètement terminées, car on ne pouvait juger encore de l'énormité du fossile.

Quatre jours après, le *New York Herald* donnait des détails nouveaux sur le monstrueux squelette. Ce n'était la carcasse, ni d'un mammouth, ni d'un mastodonte, ni d'un mégathérium, ni d'un ptérodactyle, ni d'un plésiausaure, car tous les noms étranges de la paléontologie furent invoqués par antiphrase. Les débris sus-mentionnés appartiennent tous à la troisième, au plus à la deuxième époque géologique, tandis que les fouilles dirigées par Hopkins avaient été poussées jusqu'aux terrains primitifs qui constituent l'écorce du globe, et dans lequel aucun fossile n'avait été découvert jusqu'alors. Cet étalage de science, auquel les négociants des États-Unis ne comprirent pas grand'chose, fit un effet considérable. Qu'en conclure, sinon que ce monstre, n'étant ni un mollusque, ni un pachyderme, ni un rongeur, ni un ruminant, ni un carnassier, ni un mammifère amphibie, était un homme ? Et cet homme, un géant de plus de quarante mètres de haut ! On ne pouvait donc plus nier l'existence d'une race titanesque antérieure à la nôtre. Si le fait était vrai, et tout le monde l'acceptait comme tel, les théories géologiques les mieux assises devaient être changées, puisqu'on retrouvait des fossiles bien au-dessous des dépôts diluviens, ce qui indiquait qu'ils avaient été enfouis à une époque antérieure au déluge.

L'article du *New York Herald* produisit une immense sensation. Le texte en fut reproduit par tous les journaux d'Amérique. Ce sujet de conversation devint à l'ordre du jour, et les plus jolies bouches du Nouveau-Monde prononcèrent les vocables les plus rébarbatifs de la science. De grandes discussions s'ouvrirent. On déduisit de la découverte les conséquences les plus honorables pour le sol de l'Amérique, qu'on sacra berceau du genre humain au détriment de l'Asie. Dans les congrès et les Académies, on prouva jusqu'à l'évidence que l'Amérique, peuplée dès les premiers jours du monde, avait été le point de départ des migrations successives. Le Nouveau Continent enlevait au Vieux Monde les honneurs de l'antiquité. Des mémoires volumineux, inspirés par une ambition patriotique, furent écrits sur cette question si grave. Enfin une réunion de savants, dont le procès-verbal fut publié et commenté par tous les organes de la Presse américaine, prouva, clair comme le jour, que le Paradis terrestre, bordé par la Pensylvanie, la Virginie et le lac Erié, occupait jadis l'étendue actuelle de la province d'Ohio.

J'avoue que toutes ces rêveries me séduisirent au plus haut point. Je voyais Adam et Ève commandant à des troupeaux de bêtes féroces, qui n'étaient plus une fiction en Amérique comme sur les bords de l'Euphrate, où l'on n'en trouve pas le moindre vestige. Le serpent tentateur prenait dans ma pensée la forme du constrictor ou du crotale. Mais, ce qui m'étonnait le plus, c'est qu'on ajoutait foi à cette découverte avec une obéissance et un laisser-aller merveilleux. Il ne venait à personne l'idée que le fameux squelette pouvait être un puff, un bluff, un humbug, comme disent les Américains, et pas un de ces savants si enthousiastes ne songeait à voir de ses propres yeux le miracle qui mettait sa cervelle en ébullition. Je fis part de cette remarque à Mrs. Melvil.

« A quoi bon se déranger? me dit-elle. Nous verrons notre cher monstre lorsqu'il sera temps. Quant à sa structure et son aspect, on les connaît, car on ne ferait pas un mille dans l'Amérique tout entière sans le retrouver reproduit sous les formes les plus ingénieuses. »

C'est bien là, en effet, qu'éclatait le génie du spéculateur. Autant Augustus Hopkins s'était montré réservé pour lancer l'affaire de l'Exposition, autant il déployait d'ardeur, d'invention, d'imagination pour *poser* son miraculeux squelette dans l'esprit de ses compatriotes. Tout lui était permis, du reste, depuis que ses originalités avaient attiré sur lui l'attention publique.

Bientôt les murs de la ville furent couverts d'immenses affiches multicolores qui reproduisaient le monstre sous les aspects les plus variés. Hopkins épuisa toutes les formules connues dans le genre affiche. Il employa les couleurs les plus saisissantes. Il tapissa de ces affiches les murailles, les parapets des quais, les troncs d'arbres des promenades. Dans les unes, les lignes étaient tracées diagonalement. Dans les autres, la réclame s'étalait en lettres monstrueuses, peintes à la brosse, qui forçaient l'attention du passant. Des hommes se promenaient dans toutes les rues, vêtus de blouses et de paletots qui représentaient le squelette. Le soir, des transparents immenses le projetaient en noir sur un fond de lumière.

Hopkins ne se contenta pas de ces moyens de publicité ordinaires en Amérique. Les affiches et les quatrièmes pages des journaux ne lui suffisaient plus. Il fit un véritable cours de « squeletologie », dans lequel il invoqua les Cuvier, les Blumenbach, les Backland, les Link, les Stemberg, les Brongnart, et cent autres ayant écrit sur la paléontologie. Ses cours furent suivis et applaudis à ce point que deux personnes furent un jour écrasées à la porte.

Il va sans dire que Maitre Hopkins leur fit des funérailles magnifiques, et que les bannières du cortège mortuaire reproduisirent encore les formes inévitables du fossile à la mode.

Tous ces moyens étaient excellents pour la ville même d'Albany et pour ses environs, mais il importait de lancer l'affaire dans l'Amérique entière. Mr. Lumley, en Angleterre, lors des débuts de Jenny Lind, proposa aux marchands de savon de leur fournir leurs moules, à la condition que ces moules porteraient en creux le portrait de l'illustre *prima donna*, ce qui fut accepté et produisit des résultats excellents, puisqu'on se lavait les mains avec les traits de l'éminente cantatrice. Hopkins se servit d'un moyen analogue. Suivant des traités passés avec les fabricants, les étoffes d'habillement offrirent au bon goût des acheteurs l'image de l'être préhistorique. Le fond des chapeaux en fut revêtu. Jusqu'aux assiettes, qui reçurent l'empreinte de l'étourdissant phénomène! J'en passe et des meilleurs. Il était impossible de l'éviter. S'habillait-on, se coiffait-on, dinait-on, c'était toujours dans son intéressante compagnie.

L'effet de cette publicité à haute pression fut immense. Aussi, lorsque le journal, le tambour, les trompettes, les décharges de mousqueterie, annoncèrent que le miracle serait prochainement

DES TRANSPARENTS IMMENSES PROJETAIENT LE SQUELETTE. (Page 168.)

livré à l'admiration du public, ce fut un hourrah universel. On s'occupa dès lors de préparer une salle immense pour contenir, disait la réclame, « non pas les spectateurs enthousiastes dont le nombre serait infini, mais le squelette de l'un de ces géants que la fable accuse d'avoir voulu escalader le ciel ».

Je devais quitter Albany dans quelques jours. Je regrettais vivement que mon séjour ne pût se prolonger assez pour me permettre d'assister à l'inauguration de ce spectacle unique. D'un autre côté, ne voulant pas partir sans en avoir au moins vu quelque chose, je résolus de me rendre en secret à Exhibition Parc.

Un matin, mon fusil sur l'épaule, je me dirigeai de ce côté. Je marchai pendant trois heures environ vers le Nord, sans avoir pu obtenir de renseignements précis touchant le but que je désirais atteindre. Cependant, à force de chercher l'emplacement de l'ancien fort William, j'arrivai, après avoir fait cinq ou six milles, au terme de mon voyage.

J'étais au milieu d'une immense plaine, dont une faible partie avait été bouleversée par quelques travaux récents mais de peu d'importance. Un espace considérable était hermétiquement fermé par une palissade. J'ignorais si elle délimitait l'emplacement de l'Exposition, mais ce fait me fut confirmé par un chasseur de castors que je rencontrai aux environs, et qui se dirigeait sur la frontière du Canada.

« C'est bien ici, me dit-il, mais je ne sais ce qu'on y prépare, car, ce matin, j'y ai entendu pas mal de coups de carabine. »

Je le remerciai et je continuai mes recherches.

Je ne voyais pas la moindre trace de travaux au dehors. Un silence complet régnait sur cette plaine inculte, à laquelle des constructions gigantesques devaient donner la vie et le mouvement.

Ne pouvant satisfaire ma curiosité sans pénétrer dans l'enceinte, je résolus d'en faire le tour pour voir si je ne découvrirais pas quelque moyen d'accès. Je marchai longtemps sans apercevoir l'apparence d'une porte. Assez désappointé, j'en arrivai à ne plus demander au ciel qu'une fente, un simple trou pour y appliquer mon œil, quand, à un angle de la clôture, j'aperçus des planches et des poteaux renversés.

Je n'hésitai pas à m'introduire dans l'enclos. Je foulai alors un terrain dévasté. Des quartiers de roche que la poudre avait arrachés gisaient çà et là. Des monticules de terre accidentaient le sol, pareils aux vagues d'une mer agitée. J'arrivai enfin sur les bords d'une excavation profonde, au fond de laquelle gisait une grande quantité d'ossements.

J'avais donc devant les yeux l'objet de tant de bruit, de tant de réclames. Ce spectacle n'avait rien de curieux assurément. C'était un amoncellement de fragments osseux de toutes sortes, brisés en mille pièces. La cassure de quelques-uns paraissait même toute récente. Je n'y reconnaissais pas les parties les plus importantes du squelette humain, qui d'après les dimensions annoncées auraient dû être établies sur une échelle monstrueuse. Sans beaucoup d'efforts d'imagination, je pouvais me croire dans une fabrique de noir animal, et voilà tout!

Je demeurais très confus, comme on peut le croire. Je m'imaginais même être le jouet d'une erreur, quand j'aperçus sur un talus fortement labouré par des empreintes de pas quelques gouttes de sang. En suivant ces traces, j'arrivai à l'ouverture, où de nouvelles taches de sang, auxquelles je n'avais pas pris garde en entrant, me frappèrent tout à coup. A côté de ces taches, un fragment de papier noirci par la poudre, et qui provenait sans doute de la bourre d'une arme à feu, attira mon attention. Tout cela concordait avec ce que m'avait dit le chasseur de castors.

Je ramassai le fragment de papier. Non sans peine, je déchiffrai quelques-uns des mots qui y étaient tracés. C'était un mémoire de fourniture faite à Mr. Augustus Hopkins par un certain Mr. Barckley. Rien n'indiquait la nature des objets fournis, mais de nouveaux fragments, que je trouvais épars çà et là, me firent comprendre de quoi il s'agissait. Si mon désappointement fut grand, je ne pus, en revanche, maîtriser un rire inextinguible. J'étais bien en présence du géant et de son squelette, mais d'un squelette composé de parties fort hétérogènes, qui avaient jadis vécu sous le nom de buffles, de génisses, de bœufs et de vaches dans les plaines du Kentucky. Mr. Barckley était tout simplement un boucher de New-York, qui avait livré d'immenses fournitures d'os au célèbre Mr. Augustus Hopkins! Ces fossiles-là n'avaient certainement jamais entassé Pelion sur Ossa pour escalader l'Olympe! Leurs restes ne se trouvaient en ce lieu que par les soins de l'illustre puffiste, qui s'attendait à les découvrir par hasard, en creusant les fondations de palais qui ne devaient jamais exister!

J'en étais là de mes réflexions et de mon hilarité, qui eût été plus sincère, si, comme mes hôtes eux-mêmes, je n'eusse pas été la victime de cet incroyable humbug, quand des cris de joie éclatèrent au dehors.

J'accourus sur la brêche, et j'aperçus maître Augustus Hopkins en personne, qui accourait, la carabine à la main, en faisant de grandes démonstrations de plaisir. Je me dirigeai vers lui. Il ne sembla nullement inquiet de me voir sur le théâtre de ses exploits.

« Victoire!.. Victoire!.. s'écria-t-il.

Les deux nègres Bobby et Dacopa marchaient à une certaine distance derrière lui. Quant à moi, instruit par l'expérience, je me mis sur mes gardes, pensant que l'audacieux mystificateur allait me prendre pour plastron.

— Je suis heureux, me dit-il, d'avoir un témoin de ce qui m'arrive. Vous voyez un homme qui revient de la chasse au tigre.

— De la chasse au tigre!.. répétai-je, décidé à ne pas en croire un mot.

— Et au tigre rouge, ajouta-t-il, autrement dit le couguar, qui jouit d'une assez belle renommée de cruauté. Le diable d'animal a pénétré dans mon enclos, comme vous pouvez le constater. Il a brisé ces barrières, qui jusqu'ici avaient résisté à la curiosité générale, et il a mis en pièces mon merveilleux squelette. Aussitôt prévenu, je n'ai pas hésité à le poursuivre jusqu'à la mort. Je l'ai rencontré à trois milles d'ici dans un fourré; je l'ai regardé; il a fixé sur moi ses deux yeux fauves. Il s'est élancé d'un bond qu'il n'a pu achever qu'en se retournant sur lui-même, car je l'ai abattu d'une balle au défaut de l'épaule. C'est le premier coup de fusil que j'aie tiré de ma vie, mais, mille diables! il me fera quelque honneur, et je ne le donnerais pas pour un milliard de dollars!

« Voici les millions qui vont revenir », pensai-je.

En ce moment, les deux noirs arrivaient, traînant effectivement le cadavre d'un tigre rouge de grande taille, animal à peu près inconnu dans cette partie de l'Amérique. Son pelage était d'un fauve uniforme, ses oreilles noires, et l'extrémité de sa queue noire également. Je ne m'occupai pas de savoir si Hopkins l'avait tué, ou s'il lui avait été fourni convenablement mort, voire empaillé, par un Barckley quelconque, car je fus frappé de la légèreté et de l'indifférence avec laquelle mon spéculateur parlait de son squelette. Et pourtant, il était clair que toute cette affaire lui coûtait alors plus de cent mille francs!

Ne voulant pas lui faire savoir que le hasard m'avait rendu maître du secret de ses mystifications — il eût été capable d'en rendre grâce à la Providence —, je lui dis simplement:

— Comment allez-vous sortir de cette impasse?

— Parbleu! me répondit-il, de quelle impasse parlez-vous? Quoique je fasse maintenant, je réussirai. Une brute a détruit le merveilleux fossile qui eût fait l'admiration du monde entier, car il était absolument unique, mais elle n'a pas détruit mon

« Victoire!.. » cria-t-il. (Page 171.)

prestige, mon influence, et je garde le bénéfice de ma position d'homme célèbre.

— Mais comment vous en tirerez-vous vis-à-vis du public enthousiaste et impatient? demandai-je gravement.

— En lui disant la vérité, rien que la vérité.

— La vérité ! m'écriai-je, désireux de savoir ce qu'il entendait par ce mot.

— Sans doute, expliqua-t-il le plus tranquillement du monde. N'est-il pas vrai que cet animal a pénétré dans mon enceinte ? N'est-il pas vrai qu'il a mis en pièces ces merveilleux ossements que j'avais eu tant de peine à extraire ? N'est-il pas vrai que je l'ai poursuivi et tué ?

« Voilà, pensai-je, une foule de choses dont je ne jurerais pas. »

— Le public, continua-t-il, ne peut élever ses prétentions au delà, puisqu'il connaîtra toute l'affaire. J'y gagnerai même une réputation de bravoure, et je ne vois plus guère quel genre de célébrité il me manquera.

— Mais que vous donnera la célébrité ?

— La fortune, si je sais en jouer. A l'homme connu, tous les espoirs sont permis. Il peut tout oser, tout entreprendre. Si Washington avait voulu montrer des veaux à deux têtes, après la capitulation de York Town, il eût évidemment gagné beaucoup d'argent.

— C'est possible, répondis-je sérieusement.

— C'est certain, répliqua Augustus Hopkins. Aussi ne suis-je embarrassé que du choix du sujet à montrer, à lancer, à exhiber.

— Oui, dis-je, le choix est difficile. Les ténors sont bien usés, les danseuses ont fait leur temps, et ce qui leur reste de jambes est hors de prix ; les frères Siamois ont vécu, et les phoques demeurent muets en dépit des professeurs distingués qui font leur éducation.

— Je ne m'adresserai pas à de semblables merveilles. Quelque usés, éreintés, morts, muets que soient les phoques, les Siamois, les danseuses et les ténors, ils sont encore trop bons pour un homme comme moi, qui vaut tant par lui-même ! Je pense donc avoir le plaisir de vous voir à Paris, mon cher Monsieur !

— Compteriez-vous trouver à Paris, lui demandai-je, cet objet de peu de valeur qui doit s'illustrer par votre propre mérite ?

— Peut-être, répondit-il sérieusement. Si je mets la main sur quelque fille de portière qui n'ait jamais pu être reçue au Conservatoire, j'en ferai la plus grande cantatrice des deux Amériques ! »

Sur ce propos, nous nous saluâmes et je revins à Albany. Le jour même, la terrible nouvelle éclatait. Hopkins fut considéré comme un homme ruiné. Des souscriptions considérables s'ouvrirent en sa faveur. Chacun alla juger à Exhibition Parc de l'étendue du désastre, ce qui rapporta pas mal de dollars au spéculateur. Il vendit un prix fou la peau du couguar qui l'avait ruiné si à propos et conserva sa réputation d'homme le plus entreprenant du Nouveau-Monde. Pour moi, je revins à New-York, puis en France, laissant les États-Unis riches sans le savoir d'un superbe humbug de plus. Mais ils n'en sont plus à les compter ! J'en rapportais cette conclusion que l'avenir des artistes sans talent, des chanteurs sans gosier, des danseurs sans jarret et des sauteurs sans corde, serait bien affreux, si Christophe Colomb n'avait pas découvert l'Amérique.

AU XXIXme SIÈCLE ⁽¹⁾.

LA
JOURNÉE D'UN JOURNALISTE AMÉRICAIN
EN 2889.

Les hommes de ce xxixe siècle vivent au milieu d'une féerie continuelle, sans avoir l'air de s'en douter. Blasés sur les merveilles, ils restent froids devant celles que le progrès leur apporte chaque jour. Tout leur semble naturel. S'ils la comparaient au passé, ils apprécieraient mieux notre civilisation, et ils se rendraient compte du chemin parcouru. Combien leur apparaî-

(¹) Cette fantaisie a paru pour la première fois, en langue anglaise, en février 1889, dans la Revue américaine *The Forum*, puis elle a été reproduite, avec quelques modifications, en langue française. Dans la version actuelle, on s'est parfois référé au texte primitif anglais.   M. J. V.

traient plus admirables nos cités modernes aux voies larges de cent mètres, aux maisons hautes de trois cents, à la température toujours égale, au ciel sillonné par des milliers d'aéro-cars et d'aéro-omnibus! Auprès de ces villes, dont la population atteint parfois jusqu'à dix millions d'habitants, qu'étaient ces villages, ces hameaux d'il y a mille ans, ces Paris, ces Londres, ces Berlin, ces New York, bourgades mal aérées et boueuses, où circulaient des caisses cahotantes, traînées par des chevaux, — oui! des chevaux! c'est à ne pas le croire! S'ils se représentaient le défectueux fonctionnement des paquebots et des chemins de fer, leurs collisions fréquentes, leur lenteur aussi, quel prix les voyageurs n'attacheraient-ils pas aux aéro-trains, et surtout à ces tubes pneumatiques, jetés à travers les océans, et dans lesquels on les transporte avec une vitesse de quinze cents kilomètres à l'heure? Enfin ne jouirait-on pas mieux du téléphone et du téléphote, en se disant que nos pères en étaient réduits à cet appareil antédiluvien qu'ils appelaient le « télégraphe »?

Chose étrange! Ces surprenantes transformations reposent sur des principes parfaitement connus de nos aïeux, qui n'en tiraient, pour ainsi dire, aucun parti. En effet, la chaleur, la vapeur, l'électricité, sont aussi vieilles que l'homme. A la fin du XIXe siècle, les savants n'affirmaient-ils pas déjà que la seule différence entre les forces physiques et chimiques réside dans un mode de vibration, propre à chacune d'elles, des particules éthériques?

Puisqu'on avait fait ce pas énorme de reconnaître la parenté de toutes ces forces, il est vraiment inconcevable qu'il ait fallu un temps si long pour arriver à déterminer chacun des modes de vibration qui les différencient. Il est extraordinaire, surtout, que le moyen de passer directement de l'un à l'autre et de les produire les uns sans les autres ait été découvert tout récemment.

C'est cependant ainsi que les choses se sont passées, et c'est seulement en 2790, il y a cent ans, que le célèbre Oswald Nyer y est parvenu.

Un véritable bienfaiteur de l'humanité, ce grand homme ! Sa trouvaille de génie fut la mère de toutes les autres ! Une pléiade d'inventeurs en naquit, aboutissant à notre extraordinaire James Jackson. C'est à ce dernier que nous devons les nouveaux accumulateurs qui condensent, les uns la force contenue dans les rayons solaires, les autres l'électricité emmagasinée au sein de notre globe, ceux-là, enfin, l'énergie provenant d'une source quelconque, chutes d'eau, vents, rivières et fleuves, etc. C'est de lui que nous vient également le transformateur qui, obéissant à l'ordre d'une simple manette, puise la force vive dans les accumulateurs et la rend à l'espace, sous forme de chaleur, de lumière, d'électricité, de puissance mécanique, après en avoir obtenu le travail désiré.

Oui ! c'est du jour où ces deux instruments furent imaginés que date véritablement le progrès. Ils ont donné à l'homme une puissance à peu près infinie. Leurs applications ne se comptent plus. En atténuant les rigueurs de l'hiver par la restitution du trop-plein des chaleurs estivales, ils ont révolutionné l'agriculture. En fournissant la force motrice aux appareils de navigation aérienne, ils ont permis au commerce de prendre un magnifique essor. C'est à eux que l'on doit la production incessante de l'électricité sans piles ni machines, la lumière sans combustion ni incandescence, et enfin cette intarissable source d'énergie, qui a centuplé la production industrielle.

*
* *

Eh bien ! l'ensemble de ces merveilles, nous allons le rencontrer dans un hôtel incomparable, — l'hôtel du *Earth Herald*, récemment inauguré dans la 16823e avenue.

Si le fondateur du *New York Herald*, Gordon Benett, renaissait aujourd'hui, que dirait-il, en voyant ce palais de marbre et d'or, qui appartient à son illustre petit-fils, Francis Benett? Trente générations se sont succédé, et le *New York Herald* s'est maintenu dans cette famille des Benett. Il y a deux cents ans, lorsque le gouvernement de l'Union fut transféré de Washington à Centropolis, le journal suivit le gouvernement, — à moins que ce ne soit le gouvernement qui ait suivi le journal, — et il prit pour titre : *Earth Herald*.

Et que l'on ne s'imagine pas qu'il ait périclité sous l'administration de Francis Benett. Non ! Son nouveau directeur allait au contraire lui inculquer une puissance et une vitalité sans égales, en inaugurant le journalisme téléphonique.

On connaît ce système, rendu pratique par l'incroyable diffusion du téléphone. Chaque matin, au lieu d'être imprimé comme dans les temps antiques, le *Earth Herald* est « parlé ». C'est dans une rapide conversation avec un reporter, un homme politique ou un savant, que les abonnés apprennent ce qui peut les intéresser. Quant aux acheteurs au numéro, on le sait, pour quelques cents, ils prennent connaissance de l'exemplaire du jour dans d'innombrables cabinets phonographiques.

Cette innovation de Francis Benett galvanisa le vieux journal. En quelques mois, sa clientèle se chiffra par quatre-vingt-cinq millions d'abonnés, et la fortune du directeur s'éleva progressivement à trente milliards, de beaucoup dépassés aujourd'hui. Grâce à cette fortune, Francis Benett a pu bâtir son nouvel hôtel, — colossale construction à quatre façades, mesurant chacune trois kilomètres, et dont le toit s'abrite sous le glorieux pavillon soixante-quinze fois étoilé de la Confédération.

A cette heure, Francis Benett, roi des journalistes, serait le roi des deux Amériques, si les Américains pouvaient jamais accepter un souverain quelconque. Vous en doutez ? Mais les plénipotentiaires de toutes les nations et nos ministres eux-mêmes se pressent à sa porte, mendiant ses conseils, quêtant

« TRÈS BIEN, VOTRE DERNIER CHAPITRE »... (PAGE 184.)

son approbation, implorant l'appui de son tout-puissant organe. Comptez les savants qu'il encourage, les artistes qu'il entretient, les inventeurs qu'il subventionne! Royauté fatigante que la sienne, travail sans repos, et, bien certainement, un homme d'autrefois n'aurait pu résister à un tel labeur quotidien. Très heureusement, les hommes d'aujourd'hui sont de constitution plus robuste, grâce aux progrès de l'hygiène et de la gymnastique, qui de trente-sept ans ont fait monter à soixante-huit la moyenne de la vie humaine, — grâce aussi à la préparation des aliments aseptiques, en attendant la prochaine découverte de l'air nutritif, qui permettra de se nourrir... rien qu'en respirant.

Et maintenant, s'il vous plaît de connaître tout ce que comporte la journée d'un directeur du *Earth Herald*, prenez la peine de le suivre dans ses multiples occupations, — aujourd'hui même, ce 25 juillet de la présente année 2889.

***

Francis Benett, ce matin-là, s'est réveillé d'assez maussade humeur. Voilà huit jours que sa femme est en France et il se trouve un peu seul. Le croirait-on? Depuis dix ans qu'ils sont mariés, c'était la première fois que Mrs. Edith Benett, la *professional-beauty*, fait une si longue absence. D'ordinaire, deux ou trois jours suffisent à ses fréquents voyages en Europe, et plus particulièrement à Paris, où elle va acheter ses chapeaux.

Dès son réveil, Francis Benett mit donc en action son phonotéléphote, dont les fils aboutissent à l'hôtel qu'il possède aux Champs-Elysées.

Le téléphone, complété par le téléphote, encore une conquête de notre époque! Si la transmission de la parole par les courants électriques est déjà fort ancienne, c'est d'hier seulement que l'on peut aussi transmettre l'image. Précieuse découverte, dont Francis Benett ne fut pas le dernier à bénir l'inventeur, lorsqu'il aperçut sa femme, reproduite dans un miroir téléphotique, malgré l'énorme distance qui l'en séparait.

Douce vision ! Un peu fatiguée du bal ou du théâtre de la veille, Mrs. Benett est encore au lit. Bien qu'il soit près de midi là-bas, elle dort, sa tête charmante enfouie dans les dentelles de l'oreiller.

Mais la voilà qui s'agite... ses lèvres tremblent... Elle rêve sans doute ?.. Oui ! elle rêve... Un nom s'échappe de sa bouche : « Francis... mon cher Francis !.. »

Son nom, prononcé par cette douce voix, a donné à l'humeur de Francis Benett un tour plus heureux. Ne voulant pas réveiller la jolie dormeuse, il saute rapidement hors du lit, et pénètre dans son habilleuse mécanique.

Deux minutes après, sans qu'il eût recours à l'aide d'un valet de chambre, la machine le déposait, lavé, coiffé, chaussé, vêtu et boutonné du haut en bas, sur le seuil de ses bureaux. La tournée quotidienne allait commencer.

Ce fut dans la salle des romanciers-feuilletonnistes que Francis pénétra tout d'abord.

Très vaste, cette salle, surmontée d'une large coupole translucide. Dans un coin, divers appareils téléphoniques par lesquels les cent littérateurs du *Earth Herald* racontent cent chapitres de cent romans au public enfiévré.

Avisant un des feuilletonnistes qui prenait cinq minutes de repos :

« Très bien, mon cher, lui dit Francis Benett, très bien, votre dernier chapitre ! La scène où la jeune villageoise aborde avec son galant quelques problèmes de philosophie transcendante est d'une très fine observation. On n'a jamais mieux peint les mœurs champêtres ! Continuez, mon cher Archibald, bon courage ! Dix mille abonnés nouveaux depuis hier, grâce à vous !

— Mr. John Last, reprit-il en se tournant vers un autre de ses collaborateurs, je suis moins satisfait de vous ! Ça n'est pas vécu, votre roman ! Vous courez trop vite au but ! Eh bien ! et les procédés documentaires ? Il faut disséquer, John Last, il faut disséquer ! Ce n'est pas avec une plume qu'on écrit de notre temps, c'est avec un bistouri ! Chaque action dans la vie réelle est la résultante de pensées fugitives et successives, qu'il faut dénombrer avec soin, pour créer un être vivant ! Et quoi de plus facile en se servant de l'hypnotisme électrique, qui dédouble l'homme et sépare ses deux personnalités ! Regardez-vous vivre, mon cher John Last ! Imitez votre confrère que je complimentais tout à l'heure ! Faites-vous hypnotiser... Hein ?.. Vous le faites, dites-vous ?.. Pas assez alors, pas assez ! »

Cette petite leçon donnée, Francis Benett poursuit son inspection et pénètre dans la salle du reportage. Ses quinze cents reporters, placés devant un égal nombre de téléphones, communiquaient alors aux abonnés les nouvelles reçues pendant la nuit des quatre coins du monde. L'organisation de cet incomparable service a été souvent décrite. Outre son téléphone, chaque reporter a devant lui une série de commutateurs, permettant d'établir la communication avec telle ou telle ligne téléphotique. Les abonnés ont donc non seulement le récit, mais la vue des événements. Quand il s'agit d'un « fait-divers » déjà passé au moment où on le raconte, on en transmet les phases principales, obtenues par la photographie intensive.

Francis Benett interpelle un des dix reporters astronomiques, — un service qui s'accroîtra avec les récentes découvertes faites dans le monde stellaire.

« Eh bien, Cash, qu'avez-vous reçu ?..

— Des phototélégrammes de Mercure, de Vénus et de Mars, Monsieur.

— Intéressant, ce dernier ?..

— Oui ! une révolution dans le Central Empire, au profit des réactionnaires libéraux contre les républicains conservateurs.

— Comme chez nous, alors ! — Et de Jupiter ?..

— Rien encore ! Nous n'arrivons pas à comprendre les signaux des Joviens. Peut-être les nôtres ne leur parviennent-ils pas ?...

— Cela vous regarde, et je vous en rends responsable, monsieur Cash ! » répondit Francis Benett, qui, fort mécontent, gagna la salle de rédaction scientifique.

Penchés sur leurs compteurs, trente savants s'y absorbaient dans des équations du quatre-vingt-quinzième degré. Quelques-uns se jouaient même au milieu des formules de l'infini algébrique et de l'espace à vingt-quatre dimensions, comme un élève d'élémentaires avec les quatre règles de l'arithmétique.

Francis Benett tomba parmi eux à la façon d'une bombe.

« Eh bien, Messieurs, que me dit-on ? Aucune réponse de Jupiter ?.. Ce sera donc toujours la même chose ! Voyons, Corley, depuis vingt ans que vous potassez cette planète, il me semble..

— Que voulez-vous, Monsieur, répondit le savant interpellé, notre optique laisse encore beaucoup à désirer, et, même avec nos télescopes de trois kilomètres...

— Vous entendez, Peer ! interrompit Francis Benett, en s'adressant au voisin de Corley. L'optique laisse à désirer !.. C'est votre spécialité, cela, mon cher ! Mettez des lunettes, que diable ! mettez des lunettes !

Puis, revenant à Corley :

« Mais, à défaut de Jupiter, obtenons-nous au moins un résultat du côté de la Lune ?..

— Pas davantage, monsieur Benett !

— Ah ! cette fois, vous n'accuserez pas l'optique ! La lune est six cents fois moins éloignée que Mars, avec lequel, cependant, notre service de correspondance est régulièrement établi. Ce ne sont pas les télescopes qui manquent...

— Non ! mais ce sont les habitants, répondit Cerley avec un fin sourire de savant truffé d'X !

— Vous osez affirmer que la Lune est inhabitée ?

— Du moins, monsieur Benett, sur la face qu'elle nous présente. Qui sait si de l'autre côté...

— Eh bien, Corley, il y a un moyen très simple de s'en assurer...

— Et lequel ?..

— C'est de retourner la Lune ! »

Et, ce jour-là, les savants de l'usine Benett piochèrent les moyens mécaniques qui devaient amener le retournement de notre satellite.

Du reste Francis Benett avait lieu d'être satisfait. L'un des astronomes du *Earth Herald* venait de déterminer les éléments de la nouvelle planète Gandini. C'est à douze trillions, huit cent quarante-et-un billions, trois cent quarante-huit millions, deux cent quatre-vingt-quatre mille six cent vingt-trois mètres et sept décimètres, que cette planète décrit son orbite autour du Soleil, en cinq cent soixante-douze ans, cent quatre-vingt-quatorze jours, douze heures, quarante-trois minutes, neuf secondes et huit dixièmes de seconde.

Francis Benett fut enchanté de cette précision.

« Bien ! s'écria-t-il, hâtez-vous d'en informer le service de reportage. Vous savez quelle passion le public apporte à ces questions astronomiques. Je tiens à ce que la nouvelle paraisse dans le numéro d'aujourd'hui ! »

Avant de quitter la salle des reporters, Francis Benett poussa une pointe vers le groupe spécial des interviewers, et s'adressant à celui qui était chargé des personnages célèbres :

« Vous avez interviewé le président Wilcox ? demanda-t-il.

— Oui, monsieur Benett, et je publie dans la colonne des informations que c'est décidément une dilatation de l'estomac dont il souffre, et qu'il se livre aux lavages tubiques les plus consciencieux.

— Parfait. Et cette affaire de l'assassin Chapmann ?.. Avez-vous interviewé les jurés qui doivent siéger aux Assises ?..

— Oui, et tous sont d'accord sur la culpabilité, de telle sorte que l'affaire ne sera même pas renvoyée devant eux. L'accusé sera exécuté avant d'avoir été condamné...

— Parfait !.. Parfait !.. »

La salle adjacente, vaste galerie longue d'un demi-kilomètre, était consacrée à la publicité, et l'on imagine aisément ce que doit être la publicité d'un journal tel que le *Earth Herald*. Elle rapporte en moyenne trois millions de dollars par jour. Grâce à un ingénieux système, d'ailleurs, une partie de cette publicité se propage sous une forme absolument nouvelle, due à un brevet acheté au prix de trois dollars à un pauvre diable qui est mort de faim. Ce sont d'immenses affiches, réfléchies par les nuages, et dont la dimension est telle que l'on peut les apercevoir d'une contrée tout entière. De cette galerie, mille projecteurs étaient sans cesse occupés à envoyer aux nues, qui les reproduisaient en couleur, ces annonces démesurées.

Mais, ce jour-là, lorsque Francis Benett entre dans la salle de publicité, il voit que les mécaniciens se croisent les bras auprès de leurs projecteurs inactifs. Il s'informe... Pour toute réponse, on lui montre le ciel d'un bleu pur.

« Oui !.. du beau temps, murmure-t-il, et pas de publicité aérienne possible ! Que faire ? S'il ne s'agissait que de pluie, on pourrait la produire ! Mais ce n'est pas de la pluie, ce sont des nuages qu'il nous faudrait !..

— Oui... de beaux nuages bien blancs ! répond le mécanicien-chef.

— Eh bien ! monsieur Samuel Mark, vous vous adresserez à la rédaction scientifique, service météorologique. Vous lui direz de ma part qu'elle s'occupe activement de la question des nuages artificiels. On ne peut vraiment pas rester ainsi à la merci du beau temps ! »

Il vit que les mécaniciens se croisaient les bras... (Page 188.)

**

Après avoir achevé l'inspection des diverses branches du journal, Francis Benett passa au salon de réception, où l'attendaient les ambassadeurs et ministres plénipotentiaires, accrédités près du gouvernement américain. Ces messieurs venaient chercher les conseils du tout puissant directeur. Au moment où Francis

Benett entrait dans ce salon, on y discutait avec une certaine vivacité.

« Que Votre Excellence me pardonne, disait l'ambassadeur de France à l'ambassadeur de Russie, mais je ne vois rien à changer à la carte de l'Europe. Le Nord aux Slaves, soit! Mais le Midi aux Latins! Notre commune frontière du Rhin me paraît excellente! D'ailleurs, sachez-le bien, mon gouvernement résistera à toute entreprise qui serait faite contre nos préfectures de Rome, de Madrid et de Vienne!

— Bien parlé! dit Francis Benett, en intervenant dans le débat. Comment, monsieur l'Ambassadeur de Russie, vous n'êtes pas satisfait de votre vaste empire, qui, des bords du Rhin, s'étend jusqu'aux frontières de la Chine, un empire dont l'Océan glacial, l'Atlantique, la mer Noire, le Bosphore, l'Océan indien, baignent l'immense littoral? Et puis, à quoi bon des menaces? La guerre est-elle possible avec les inventions modernes, ces obus asphyxiants qu'on envoie à des distances de cent kilomètres, ces étincelles électriques, longues de vingt lieues, qui peuvent anéantir d'un seul coup tout un corps d'armée, ces projectiles que l'on charge avec les microbes de la peste, du choléra, de la fièvre jaune, et qui détruiraient toute une nation en quelques heures?

— Nous le savons, monsieur Benett! répondit l'ambassadeur de Russie. Mais fait-on ce que l'on veut?.. Poussés nous-mêmes par les Chinois sur notre frontière orientale, il nous faut bien, coûte que coûte, tenter quelque effort vers l'ouest...

— N'est-ce que cela, Monsieur? répliqua Francis Benett d'un ton protecteur. Eh bien! puisque la prolification chinoise est un danger pour le monde, nous pèserons sur le Fils du Ciel! Il faudra bien qu'il impose à ses sujets un maximum de natalité qu'ils ne pourront dépasser sous peine de mort! Un enfant de trop?.. Un père de moins! Cela fera compensation. — Et vous, Monsieur, dit le directeur du *Earth Herald*, en s'adressant au consul d'Angleterre, que puis-je pour votre service?..

— Beaucoup, monsieur Benett, répondit ce personnage. Il suffirait que votre journal voulût bien entamer une campagne en notre faveur...

— Et à quel propos?..

— Tout simplement pour protester contre l'annexion de la Grande-Bretagne aux États-Unis...

— Tout simplement! s'écria Francis Benett, en haussant les épaules. Une annexion vieille de cent cinquante ans déjà! Mais messieurs les Anglais ne se résigneront donc jamais à ce que, par un juste retour des choses d'ici-bas, leur pays soit devenu colonie américaine? C'est de la folie pure! Comment votre gouvernement a-t-il pu croire que j'entamerais cette antipatriotique campagne...

— Monsieur Benett, la doctrine de Munroë, c'est toute l'Amérique aux Américains, vous le savez, mais rien que l'Amérique, et non pas...

— Mais l'Angleterre n'est qu'une de nos colonies, Monsieur, l'une des plus belles. Ne comptez pas que nous consentions jamais à la rendre!

— Vous refusez?..

— Je refuse, et si vous insistiez, nous ferions naître un *casus belli*, rien que sur l'interview de l'un de nos reporters!

— C'est donc la fin! murmura le consul accablé. Le Royaume-Uni, le Canada et la Nouvelle-Bretagne sont aux Américains, les Indes sont aux Russes, l'Australie et la Nouvelle-Zélande sont à elles-mêmes! De tout ce qui fut autrefois l'Angleterre, que nous reste-t-il?.. Plus rien!

— Plus rien, Monsieur! riposta Francis Benett. Eh bien! et Gibraltar? »

***

Midi sonnait en ce moment. Le directeur du *Earth Herald*, terminant l'audience d'un geste, quitta le salon, s'assit sur un fauteuil roulant et gagna en quelques minutes sa salle à manger, située à un kilomètre de là, à l'extrémité de l'hôtel.

La table est dressée. Francis Benett y prend place. A portée de sa main est disposée une série de robinets, et, devant lui, s'arrondit la glace d'un phonotéléphote, sur laquelle apparaît la salle à manger de son hôtel de Paris. Malgré la différence d'heures, Mr. et Mrs. Benett se sont entendus pour déjeuner en même temps. Rien de charmant comme d'être ainsi en tête-à-tête malgré la distance, de se voir, de se parler au moyen des appareils phonotéléphotiques.

Mais, en ce moment, la salle de Paris est vide.

« Edith se sera mise en retard ! se dit Francis Benett. Oh ! l'exactitude des femmes ! Tout progresse, excepté cela !.. »

Et, en faisant cette trop juste réflexion, il tourne un des robinets.

Comme tous les gens à leur aise de notre époque, Francis Benett, renonçant à la cuisine domestique, est un des abonnés de la grande *Société d'alimentation à domicile*. Cette Société distribue par un réseau de tubes pneumatiques des mets de mille espèces. Ce système est coûteux, sans doute, mais la cuisine est meilleure, et il a cet avantage qu'il supprime la race horripilante des cordons-bleus des deux sexes.

Francis Benett déjeuna donc seul, non sans quelque regret. Il achevait son café, lorsque Mrs. Benett, rentrant chez elle, apparut dans la glace du téléphote.

« D'où viens-tu donc, ma chère Edith ? demanda Francis Benett.

— Tiens ! répondit Mrs. Benett, tu as fini ?... Je suis donc en retard ?.. D'où je viens ?.. Mais de chez mon modiste !.. Il y a cette année, des chapeaux ravissants ! Ce ne sont même plus des chapeaux... ce sont des dômes, des coupoles !.. Je me serai un peu oubliée !..

— Un peu, ma chère, si bien que voici mon déjeuner fini...

— Eh bien, va, mon ami... va à tes occupations, répondit

« OU VA MONSIEUR ? » DEMANDA L'AÉRO-COACHMAN. (Page 193.)

Mrs. Benett. J'ai encore une visite à faire chez mon couturier-modeleur. »

Et ce couturier n'était rien moins que le célèbre Wormspire, celui qui a si judicieusement dit : « La femme n'est qu'une question de formes ! »

Francis Benett baisa la joue de Mrs. Benett sur la glace du téléphote, et se dirigea vers la fenêtre, où l'attendait son aéro-car.

« Où va Monsieur? demanda l'aéro-coachman.

— Voyons... j'ai le temps... répondit Francis Benett. Conduisez-moi à mes fabriques d'accumulateurs du Niagara. »

L'aéro-car, machine admirable fondée sur le principe du plus lourd que l'air, s'élança à travers l'espace, à raison de six cents kilomètres à l'heure. Au-dessous de lui défilaient les villes avec leurs trottoirs mouvants qui transportent les passants le long des rues, les campagnes recouvertes comme d'une immense toile d'araignée du réseau des fils électriques.

En une demi-heure, Francis Benett eut atteint sa fabrique du Niagara, dans laquelle, après avoir utilisé la force des cataractes à produire de l'énergie, il la vend ou la loue aux consommateurs. Puis, sa visite achevée, il revint par Philadelphie, Boston et New York à Centropolis, où son aéro-car le déposa vers cinq heures.

**

Il y avait foule dans la salle d'attente du *Earth Herald*. On guettait le retour de Francis Benett pour l'audience quotidienne qu'il accorde aux solliciteurs. C'étaient des inventeurs quémandant des capitaux, des brasseurs d'affaires proposant des opérations, toutes excellentes à les entendre. Parmi ces propositions diverses, il faut faire un choix, rejeter les mauvaises, examiner les douteuses, accueillir les bonnes.

Francis Benett eut rapidement expédié ceux qui n'apportaient que des idées inutiles ou impraticables. L'un ne prétendait-il pas faire revivre la peinture, cet art tombé en telle désuétude que l'*Angélus* de Millet venait d'être vendu quinze francs, et cela, grâce aux progrès de la photographie en couleur, inventée, à la fin du xxe siècle, par le Japonais Aruziswa-Riochi-Nichome-Sanjukamboz-Kio-Baski-Kû, dont le nom est devenu si facilement populaire? L'autre n'avait-il pas trouvé le bacile biogène, qui devait rendre l'homme immortel, après avoir été introduit dans l'organisme humain? Celui-ci, un chimiste, ne venait-il pas de découvrir un nouveau corps, le *Nihilium*, dont le gramme ne coûtait que trois millions de dollars? Celui-là, un médecin audacieux, ne prétendait-il pas qu'il possédait un spécifique contre le rhume de cerveau?..

Tous ces rêveurs furent promptement éconduits.

Quelques autres reçurent meilleur accueil, et, d'abord, un jeune homme, dont le vaste front annonçait la vive intelligence.

« Monsieur, dit-il, si autrefois on comptait soixante-quinze corps simples, ce nombre est réduit à trois aujourd'hui, vous le savez?

— Parfaitement, répondit Francis Benett.

— Eh bien, Monsieur, je suis sur le point de ramener ces trois à un seul. Si l'argent ne me manque pas, dans quelques semaines, j'aurai réussi.

— Et alors?..

— Alors, Monsieur, j'aurai tout bonnement déterminé l'absolu.

— Et la conséquence de cette découverte?..

— Ce sera la création facile de toute matière, pierre, bois, métal, fibrine...

— Prétendriez-vous donc parvenir à fabriquer une créature humaine?..

— Entièrement... Il n'y manquera que l'âme!..

— Que cela! » répondit ironiquement Francis Benett qui

attacha cependant ce jeune chimiste à la rédaction scientifique du journal.

Un second inventeur, se basant sur de vieilles expériences, qui dataient du xixe siècle, et souvent renouvelées depuis, avait l'idée de déplacer une ville entière d'un seul bloc. Il s'agissait, en l'espèce, de la ville de Saaf, située à une quinzaine de milles de la mer, et qu'on transformerait en station balnéaire, après l'avoir amenée sur rails jusqu'au littoral. D'où une énorme plus-value pour les terrains bâtis et à bâtir.

Francis Benett, séduit par ce projet, consentit à se mettre de moitié dans l'affaire.

« Vous savez, Monsieur, lui dit un troisième postulant, que, grâce à nos accumulateurs et transformateurs solaires et terrestres, nous avons pu égaliser les saisons. Je me propose de faire mieux encore. Transformons en chaleur une part de l'énergie dont nous disposons, et envoyons cette chaleur aux contrées polaires dont elle fondra les glaces...

— Laissez-moi vos plans, répondit Francis Benett, et revenez dans huit jours ! »

Enfin, un quatrième savant apportait la nouvelle que l'une des questions qui passionnaient le monde entier allait recevoir sa solution ce soir même.

On sait qu'il y a un siècle, une hardie expérience avait attiré l'attention publique sur le docteur Nathaniel Faithburn. Partisan convaincu de l'hibernation humaine, c'est-à-dire de la possibilité de suspendre les fonctions vitales, puis de les faire renaître après un certain temps, il s'était décidé à expérimenter sur lui-même l'excellence de sa méthode. Après avoir, par testament olographe, indiqué les opérations propres à le ramener à la vie dans cent ans jour pour jour, il s'était soumis à un froid de 172 degrés ; réduit alors à l'état de momie, le docteur Faithburn avait été enfermé dans un tombeau pour la période convenue.

Or, c'était précisément ce jour-ci, 25 juillet 2889, que le délai expirait, et l'on venait offrir à Francis Benett de procéder dans l'une des salles du *Earth Herald* à la résurrection si impatiemment attendue. Le public pourrait de la sorte être tenu au courant seconde par seconde.

La proposition fut acceptée, et, comme l'opération ne devait pas se faire avant dix heures du soir, Francis Benett vint s'étendre dans le salon d'audition sur une chaise longue. Puis, tournant un bouton, il se mit en communication avec le Central Concert.

Après une journée si occupée, quel charme il trouva aux œuvres de nos meilleurs maestros, basées, comme on le sait, sur une succession de délicieuses formules harmonico-algébriques !

L'obscurité s'était faite, et, plongé dans un sommeil demi-extatique, Francis Benett ne s'en apercevait même pas. Mais une porte s'ouvrit soudain.

« Qui va là ? dit-il en touchant un commutateur, placé sous sa main.

Aussitôt, par un ébranlement électrique produit sur l'éther, l'air devint lumineux.

« Ah ! c'est vous docteur ? dit Francis Benett.

— Moi-même, répondit le docteur Sam, qui venait faire sa visite quotidienne — (abonnement à l'année). Comment va ?

— Bien !

— Tant mieux... Voyons cette langue ?

Et il la regarda au microscope.

— Bonne... Et ce pouls ?..

Il le tâta avec un pulsographe, analogue aux instruments qui enregistrent les trépidations du sol.

— Excellent !.. Et l'appétit ?..

— Euh !

— Oui... l'estomac !.. Il ne va plus bien, l'estomac ! Il vieillit, l'estomac !... Il faudra décidément vous en faire remettre un neuf !..

— Nous verrons ! répondit Francis Benett. En attendant, docteur, vous dinez avec moi ! »

Pendant le repas, la communication phonotéléphotique avait été établie avec Paris. Cette fois, Mrs. Benett était devant sa table, et le dîner, entremêlé des bons mots du docteur Sam, fut charmant. Puis, à peine terminé :

« Quand comptes-tu revenir à Centropolis, ma chère Edith ? demanda Francis Benett.

— Je vais partir à l'instant.

— Par le tube ou l'aéro-train ?..

— Par le tube.

— Alors tu seras ici ?..

— A onze heures cinquante-neuf du soir.

— Heure de Paris ?..

— Non, non !... Heure de Centropolis.

— A bientôt donc, et surtout ne manque pas le tube ! »

Ces tubes sous-marins, par lesquels on vient d'Europe en deux cent quatre-vingt-quinze minutes, sont infiniment préférables en effet aux aéro-trains, qui ne font que mille kilomètres à l'heure.

* * *

Le docteur s'étant retiré, après avoir promis de revenir pour assister à la résurrection de son confrère Nathaniel Faithburn, Francis Benett, voulant arrêter les comptes du jour, passa dans son bureau. Opération énorme, quand il s'agit d'une entreprise dont les frais quotidiens s'élèvent à huit cent mille dollars. Très heureusement, les progrès de la mécanique moderne facilitent singulièrement ce genre de travail. A l'aide du piano-compteur-électrique, Francis Benett eut bientôt achevé sa besogne

Il était temps. A peine avait-il frappé la dernière touche de l'appareil totalisateur, que sa présence était réclamée au salon d'expérience. Il s'y rendit aussitôt et fut accueilli par un nombreux cortège de savants, auxquels s'était joint le docteur Sam.

Le corps de Nathaniel Faithburn est là, dans sa bière, qui est placée sur des tréteaux au milieu de la salle.

Le téléphote est actionné. Le monde entier va pouvoir suivre les diverses phases de l'opération.

On ouvre le cercueil... On en sort Nathaniel Faithburn... Il est toujours comme une momie, jaune, dur, sec. Il résonne comme du bois... On le soumet à la chaleur... à l'électricité... Aucun résultat... On l'hypnotise... On le suggestionne... Rien n'a raison de cet état ultra-cataleptique...

« Eh bien, docteur Sam ?.. demande Francis Benett.

Le docteur se penche sur le corps, il l'examine avec la plus vive attention... Il lui introduit, au moyen d'une injection hypodermique quelques gouttes du fameux élixir Brown-Séquard, qui est encore à la mode... La momie est plus momifiée que jamais.

— Eh bien, répond le docteur Sam, je crois que l'hibernation a été trop prolongée...

— Ah ! ah !..

— Et que Nathaniel Faithburn est mort.

— Mort ?..

— Aussi mort qu'on peut l'être !

— Depuis quand serait-il mort ?..

— Depuis quand ?.. répond le docteur Sam. Mais... depuis cent ans, c'est-à-dire depuis qu'il a eu la fâcheuse idée de se faire congeler par amour de la science !..

— Allons, dit Francis Benett, voilà une méthode qui a besoin d'être perfectionnée !

— Perfectionnée est le mot, » répond le docteur Sam, tandis que la commission scientifique d'hibernation remporte son funèbre colis.

AU XXIXme SIÈCLE. 199

*
* *

Francis Benett, suivi du docteur Sam, regagna sa chambre et, comme il paraissait très fatigué après une journée si bien remplie, le docteur lui conseilla de prendre un bain avant de se coucher.

« Vous avez raison, docteur... cela me reposera...

— Tout à fait, monsieur Benett, et, si vous le voulez, je vais commander en sortant...

— C'est inutile, docteur. Il y a toujours un bain préparé dans l'hôtel, et je n'ai même pas l'ennui d'aller le prendre hors de ma chambre. Tenez, rien qu'en touchant ce bouton, la baignoire va se mettre en mouvement, et vous la verrez se présenter toute seule avec de l'eau à la température de trente-sept degrés ! »

Francis Benett venait de presser le bouton. Un bruit sourd naissait, s'enflait, grandissait... Puis, une des portes s'ouvrit, et la baignoire apparut, glissant sur ses rails...

Ciel ! Tandis que le docteur Sam se voile la face, de petits cris de pudeur effarouchée s'échappent de la baignoire...

Arrivée depuis une demi-heure à l'hôtel par le tube transocéanique, Mrs. Benett était dedans...

*
* *

Le lendemain, 26 juillet 2889, le directeur du *Earth Herald* recommençait sa tournée de vingt kilomètres à travers ses bureaux, et, le soir, quand son totalisateur eut opéré, ce fut par deux cent cinquante mille dollars qu'il chiffra le bénéfice de cette journée — cinquante mille de plus que la veille.

Un bon métier, le métier de journaliste à la fin du vingt-neuvième siècle !

L'ÉTERNEL ADAM (¹).

Le zartog Sofr-Aï-Sr — c'est-à-dire « le docteur, troisième représentant mâle de la cent-unième génération de la lignée des Sofr » — suivait à pas lents la principale rue de Basidra, capitale du Hars-Iten-Schu, — autrement dit « l'Empire-des-Quatre-Mers ». Quatre mers, en effet, la Tubélone ou septen-

---

(¹) Écrite par Jules Verne en ses dernières années, jusqu'à présent inédite, cette nouvelle offre la particularité de tendre à des conclusions plutôt assez pessimistes, contraires au fier optimisme qui anime les *Voyages Extraordinaires*.　　　　M. J. V.

trionale, la Ehone ou australe, la Spone ou orientale, et la Mérone ou occidentale, limitaient cette vaste contrée, de forme très irrégulière, dont les pointes extrêmes (à compter d'après les mesures connues du lecteur) atteignaient, en longitude, le quatrième degré Est et le soixante-deuxième degré Ouest, et, en latitude, le cinquante-quatrième degré Nord et le cinquante-cinquième degré Sud. Quant à l'étendue respective de ces mers, comment l'évaluer, fût-ce d'une manière approximative, puisqu'elles se rejoignaient toutes, et qu'un navigateur, quittant l'un quelconque de leurs rivages et voguant toujours devant lui, fût nécessairement arrivé au rivage diamétralement opposé? Car, sur toute la surface du globe, il n'existait pas d'autre terre que celle du Hars-Iten-Schu.

Sofr marchait à pas lents, d'abord parce qu'il faisait très chaud : on entrait dans la saison brûlante, et, sur Basidra, située au bord de la Spone-Schu, ou mer orientale, à moins de vingt degrés au Nord de l'Équateur, une terrible cataracte de rayons tombait du soleil, proche alors du zénith.

Mais, plus que la lassitude et la chaleur, le poids de ses pensées ralentissait les pas de Sofr, le savant zartog. Tout en s'épongeant le front d'une main distraite, il se remémorait la séance qui venait de prendre fin, où tant d'orateurs éloquents, parmi lesquels il s'honorait d'être compté, avaient magnifiquement célébré le cent-quatre-vingt-quinzième anniversaire de la fondation de l'empire.

Les uns en avaient retracé l'histoire, c'est-à-dire celle même de l'humanité tout entière. Ils avaient montré la Mahart-Iten-Schu, la Terre-des-Quatre-Mers, divisée, à l'origine, entre un nombre immense de peuplades sauvages qui s'ignoraient les unes les autres. C'est à ces peuplades que remontaient les plus antiques traditions. Quant aux faits antérieurs, nul ne les connaissait, et c'est à peine si les sciences naturelles commençaient à discerner une faible lueur dans les ténèbres impénétrables du passé. En tout cas, ces temps reculés échappaient à la critique historique, dont les premiers rudiments se composaient de ces vagues notions relatives aux anciennes peuplades éparses.

Pendant plus de huit mille ans, l'histoire, par degrés plus complète et plus exacte, de la Mahart-Iten-Schu ne relatait que combats et guerres, d'abord d'individu à individu, puis de famille à famille, enfin de tribu à tribu, chaque être vivant, chaque collectivité, petite ou grande, n'ayant, dans le cours des âges, d'autre objectif que d'assurer sa suprématie sur ses compétiteurs, et s'efforçant, avec des fortunes diverses et souvent contraires, de les asservir à ses lois.

En deçà de ces huit mille ans, les souvenirs des hommes se précisaient un peu. Au début de la deuxième des quatre périodes en lesquelles on divisait communément les annales de la Mahart-Iten-Schu, la légende commençait à mériter plus justement le nom d'histoire. D'ailleurs, histoire ou légende, la matière des récits ne changeait guère : c'étaient toujours des massacres et des tueries, — non plus, il est vrai, de tribu à tribu, mais de peuple à peuple désormais, — si bien que cette deuxième période n'était pas, à tout prendre, fort différente de la première.

Et il en était de même de la troisième, close il y avait deux cents ans à peine, après avoir duré près de six siècles. Plus atroce encore peut-être, cette troisième époque, pendant laquelle, groupés en armées innombrables, les hommes, avec une rage insatiable, avaient abreuvé la terre de leur sang.

Un peu moins de huit siècles, en effet, avant le jour où le zartog Sofr suivait la principale rue de Basidra, l'humanité s'était trouvée prête pour les vastes convulsions. A ce moment, les armes, le feu, la violence ayant déjà accompli une partie de leur œuvre nécessaire, les faibles ayant succombé devant les forts, les hommes peuplant la Mahart-Iten-Schu formaient trois nations homogènes, dans chacune desquelles le temps avait atténué les différences entre les vainqueurs et les vaincus d'autrefois. C'est alors que l'une de ces nations avait entrepris de soumettre ses voisines. Situés vers le centre de la Mahart-Iten-Schu, les Andarti-Ha-Sammgor, ou Hommes-à-Face-de-Bronze, luttèrent sans merci pour élargir leurs frontières, entre lesquelles étouffait leur race ardente et prolifique. Les uns après les autres, au prix de guerres séculaires, ils vainquirent les Andarti-Mahart-Horis, les Hommes-du-Pays-de-la-Neige, qui habitaient les contrées du Sud, et les Andarti-Mitra-Psul, les Hommes-de-l'Étoile-Immobile, dont l'empire était situé vers le Nord et vers l'Ouest.

Près de deux cents ans s'étaient écoulés depuis que l'ultime révolte de ces deux derniers peuples avait été noyée dans des torrents de sang, et la terre avait connu enfin une ère de paix. C'était la quatrième période de l'histoire. Un seul empire remplaçant les trois nations de jadis, tous obéissant à la loi de Basidra, l'unité politique tendait à fondre les races. Nul ne parlait plus des Hommes-à-Face-de-Bronze, des Hommes-du-Pays-de-la-Neige, des Hommes-de-l'Étoile-Immobile, et la terre ne portait plus qu'un peuple unique, les Andart'-Iten-Schu, les Hommes-des-Quatre-Mers, qui résumait tous les autres en lui.

Mais voici qu'après ces deux cents années de paix une cinquième période semblait s'annoncer. Des bruits fâcheux, venus on ne savait d'où, circulaient depuis quelque temps. Il s'était révélé des penseurs pour réveiller dans les âmes des souvenirs ancestraux qu'on eût pu croire abolis. L'ancien sentiment de la race ressuscitait sous une forme nouvelle, caractérisée par des mots nouveaux. On parlait couramment d' « atavisme », d' « affinités », de « nationalités », etc., — tous vocables de création récente, qui, répondant à un besoin, avaient aussitôt conquis droit de cité. — Suivant les communautés d'origine, d'aspect physique, de tendances morales, d'intérêts ou simplement de région et de climat, des groupements apparaissaient qu'on voyait grandir peu à peu et qui commençaient à s'agiter. Comment cette évolution naissante tournerait-elle ? L'empire allait-il se désagréger à peine formé ? La Mahart-Iten-Schu allait-elle être divisée, comme jadis, entre un grand nombre de nations, ou du moins, pour en maintenir l'unité, faudrait-il avoir encore recours aux effroyables hécatombes qui, durant tant de millénaires, avaient fait de la terre un charnier ?..

Sofr, d'un mouvement de tête, rejeta ces pensées. L'avenir, ni lui ni personne ne le connaissait. Pourquoi donc s'attrister à l'avance d'événements incertains ? D'ailleurs, ce n'était pas le jour de méditer ces sinistres hypothèses. Aujourd'hui, tout était à la joie, et l'on ne devait songer qu'à la grandeur auguste de Mogar-Si, douzième empereur du Hars-Iten-Schu, dont le sceptre menait l'univers à de glorieuses destinées.

Au surplus, pour un zartog, les raisons de se réjouir ne manquaient pas. Outre l'historien qui avait retracé les fastes de la Mahart-Iten-Schu, une pléiade de savants, à l'occasion du grandiose anniversaire, avaient établi, chacun dans sa spécialité, le bilan du savoir humain et marqué le point où son effort séculaire avait amené l'humanité. Or, si le premier avait suggéré, dans une certaine mesure, de tristes réflexions, en racontant par quelle route lente et tortueuse elle s'était évadée de sa bestialité originelle, les autres avaient donné un aliment au légitime orgueil de leur auditoire.

Oui, en vérité, la comparaison entre ce qu'était l'homme, arrivant nu et désarmé sur la terre, et ce qu'il était aujourd'hui, incitait à l'admiration. Pendant des siècles, malgré ses discordes et ses haines fratricides, pas un instant il n'avait interrompu la lutte contre la nature, augmentant sans cesse l'ampleur de sa victoire. Lente tout d'abord, sa marche triomphale s'était étonnamment accélérée depuis deux cents ans, la stabilité des institutions politiques et la paix universelle, qui en était résultée, ayant provoqué un merveilleux essor de la science. L'humanité avait vécu par le cerveau, et non plus seulement par les membres; elle avait réfléchi, au lieu de s'épuiser en guerres insensées, — et c'est pourquoi, au cours des deux derniers siècles, elle avait avancé d'un pas toujours plus rapide vers la connaissance et vers la domestication de la matière...

A grands traits, Sofr, tout en suivant sous le brûlant soleil la longue rue de Basidra, esquissait dans son esprit le tableau des conquêtes de l'homme.

Celui-ci avait d'abord — cela se perdait dans la nuit des temps — imaginé l'écriture, afin de fixer la pensée; puis — l'invention remontait à plus de cinq cents ans — il avait trouvé le moyen de répandre la parole écrite en un nombre infini d'exemplaires, à l'aide d'un moule disposé une fois pour toutes. C'est de cette invention que découlaient en réalité toutes les autres. C'est grâce à elle que les cerveaux s'étaient mis en branle, que l'intelligence de chacun s'était accrue de celle du voisin, et que les découvertes, dans l'ordre théorique et pratique, s'étaient prodigieusement multipliées. Maintenant, on ne les comptait plus.

L'homme avait pénétré dans les entrailles de la terre et il en extrayait la houille, généreuse dispensatrice de chaleur; il avait libéré la force latente de l'eau, et la vapeur tirait désormais sur des rubans de fer des convois pesants ou actionnait d'innombrables machines puissantes, délicates et précises; grâce à ces machines, il tissait les fibres végétales et pouvait travailler à son gré les métaux, le marbre et la roche. Dans un domaine moins concret ou tout au moins d'une utilisation moins directe et moins immédiate, il pénétrait graduellement le mystère des nombres et explorait toujours plus avant l'infini des vérités mathématiques. Par elles, sa pensée avait parcouru le ciel. Il savait que le soleil n'était qu'une étoile gravitant à travers l'espace selon des lois rigoureuses, entraînant les sept planètes [1] de

---

[1] Les Andart'-Iten-Schu ignoraient donc Neptune.

son cortège dans son orbe enflammé. Il connaissait l'art, soit de combiner certains corps bruts de manière à en former de nouveaux n'ayant plus rien de commun avec les premiers, soit de diviser certains autres corps en leurs éléments constitutifs et primordiaux. Il soumettait à l'analyse le son, la chaleur, la lumière, et commençait à en déterminer la nature et les lois. Cinquante ans plus tôt, il avait appris à produire cette force dont le tonnerre et les éclairs sont les terrifiantes manifestations, et aussitôt il en avait fait son esclave; déjà cet agent mystérieux transmettait à d'incalculables distances la pensée écrite; demain il transmettrait le son; après-demain, sans doute, la lumière (¹)... Oui, l'homme était grand, plus grand que l'univers immense, auquel il commanderait en maître, un jour prochain...

Alors, pour que l'on possédât la vérité intégrale, ce dernier problème resterait à résoudre : « Cet homme, maître du monde, qui était-il ? D'où venait-il ? Vers quelles fins inconnues tendait son inlassable effort ? »

C'est justement ce vaste sujet que le zartog Sofr venait de traiter au cours de la cérémonie dont il sortait. Certes il n'avait fait que l'effleurer, car un tel problème était actuellement insoluble et le demeurerait sans doute longtemps encore. Quelques vagues lueurs commençaient pourtant à éclairer le mystère. Et, de ces lueurs, n'était-ce pas le zartog Sofr qui avait projeté les plus puissantes, lorsque, systématisant, codifiant les patientes observations de ses prédécesseurs et ses remarques personnelles, il avait abouti à sa loi de l'évolution de la matière vivante, loi universellement admise maintenant et qui ne rencontrait plus un seul contradicteur ?

Cette théorie reposait sur une triple base.

(¹) On voit que, si les Andart'-Iten-Schu connaissaient le télégraphe, ils ignoraient encore le téléphone et la lumière électrique, au moment où le zartog Sofr-Aï-Sr se livrait à ces réflexions.

Sur la science géologique, tout d'abord, qui, née du jour où l'on avait fouillé les entrailles du sol, s'était perfectionnée selon le développement des exploitations minières. L'écorce du globe était si parfaitement connue que l'on osait fixer son âge à quatre cent mille ans, et à vingt mille ans celui de la Mahart-Iten-Schu telle qu'elle existait aujourd'hui. Auparavant, ce continent dormait sous les eaux de la mer, comme en témoignait l'épaisse couche de limon marin qui recouvrait, sans aucune interruption, les couches rocheuses sous-jacentes. Par quel mécanisme avait-il jailli hors des flots? Sans doute, par suite d'une contraction du globe refroidi. Quoi qu'il en fût à cet égard, l'émersion de la Mahart-Iten-Schu devait être considérée comme certaine.

Les sciences naturelles avaient fourni à Sofr les deux autres fondements de son système, en démontrant l'étroite parenté des plantes entre elles, des animaux entre eux. Sofr était allé plus loin : il avait prouvé jusqu'à l'évidence que presque tous les végétaux existants se reliaient à une plante marine leur ancêtre, et que presque tous les animaux terrestres ou aériens dérivaient d'animaux marins. Par une lente mais incessante évolution, ceux-ci s'étaient adaptés peu à peu à des conditions de vie, d'abord voisines, ensuite plus éloignées, de celles de leur vie primitive, et, de stade en stade, ils avaient donné naissance à la plupart des formes vivantes qui peuplaient la terre et le ciel.

Malheureusement, cette théorie ingénieuse n'était pas inattaquable. Que les êtres vivants de l'ordre animal ou végétal procédassent d'ancêtres marins, cela paraissait incontestable pour presque tous, mais non pour tous. Il existait, en effet, quelques plantes et quelques animaux qu'il semblait impossible de rattacher à des formes aquatiques. Là était un des deux points faibles du système.

L'homme — Sofr ne se le dissimulait pas — était l'autre point faible. Entre l'homme et les animaux, aucun rapprochement n'était possible. Certes les fonctions et les propriétés primor-

AU MOMENT DES CIGARES... (PAGE 221.)

diales, telles que la respiration, la nutrition, la motilité étaient les mêmes et s'accomplissaient ou se révélaient sensiblement de pareille manière, mais un abîme infranchissable subsistait entre les formes extérieures, le nombre et la disposition des organes. Si, par une chaîne dont peu de maillons manquaient, on pouvait rattacher la grande majorité des animaux à des ancêtres issus de la mer, une pareille filiation était inadmissible en ce qui concernait l'homme. Pour conserver intacte la théorie de l'évolution, on était donc dans la nécessité d'imaginer gratuitement l'hypothèse d'une souche commune aux habitants des eaux et à l'homme, souche dont rien, absolument rien, ne démontrait l'existence antérieure.

Un moment, Sofr avait espéré trouver dans le sol des arguments favorables à ses préférences. A son instigation et sous sa direction, des fouilles avaient été faites pendant une longue suite d'années, mais pour aboutir à des résultats diamétralement opposés à ceux qu'en attendait le promoteur.

Après avoir traversé une mince pellicule d'humus formée par la décomposition de plantes et d'animaux semblables ou analogues à ceux qu'on voyait tous les jours, on était arrivé à l'épaisse couche de limon, où les vestiges du passé avaient changé de nature. Dans ce limon, plus rien de la flore ni de la faune existantes, mais un amas colossal de fossiles exclusivement marins et dont les congénères vivaient encore, le plus souvent, dans les océans ceinturant la Mahart-Iten-Schu.

Qu'en fallait-il conclure, sinon que les géologues avaient raison en professant que le continent avait jadis servi de fond à ces mêmes océans, et que Sofr, non plus, n'avait pas tort en affirmant l'origine marine de la faune et de la flore contemporaines? Puisque, sauf des exceptions si rares qu'on était en droit de les considérer comme des monstruosités, les formes aquatiques et les formes terrestres étaient les seules dont on relevât la trace, celles-ci avaient été nécessairement engendrées par celles là...

Malheureusement pour la généralisation du système, on fit encore d'autres trouvailles. Épars dans toute l'épaisseur de l'humus, et jusque dans la partie la plus superficielle du dépôt de limon, d'innombrables ossements humains furent ramenés au jour. Rien d'exceptionnel dans la structure de ces fragments de squelettes, et Sofr dut renoncer à leur demander les organismes intermédiaires dont l'existence eût affirmé sa théorie : ces ossements étaient des ossements d'homme, ni plus, ni moins.

Cependant une particularité assez remarquable ne tarda pas à être constatée. Jusqu'à une certaine antiquité, qui pouvait être grossièrement évaluée à deux ou trois mille ans, plus l'ossuaire était ancien, plus les crânes découverts étaient de petite taille. Par contre, au delà de ce stade, la progression se renversait, et, dès lors, plus on reculait dans le passé, plus augmentait la capacité de ces crânes et, par suite, la grandeur des cerveaux qu'ils avaient contenus. Le maximum fut rencontré précisément parmi les débris, d'ailleurs fort rares, trouvés à la superficie de la couche de limon. L'examen consciencieux de ces restes vénérables ne permit pas de douter que les hommes vivant à cette lointaine époque n'eussent dès lors acquis un développement cérébral de beaucoup supérieur à celui de leurs successeurs, — y compris les contemporains du zartog Sofr eux-mêmes. — Il y avait donc eu, pendant cent soixante ou cent soixante-dix siècles, régression manifeste, suivie d'une nouvelle ascension.

Sofr, troublé par ces faits étranges, poussa ses recherches plus avant. La couche de limon fut traversée de part en part, sur une épaisseur telle que, selon les avis les plus modérés, le dépôt n'en avait pas exigé moins de quinze ou vingt mille ans. Au delà, on eut la surprise de trouver de faibles restes d'une ancienne couche d'humus, puis, au-dessous de cet humus, ce fut la roche, de nature variable selon le siège des recherches. Mais, ce qui porta l'étonnement à son comble, ce fut de ramener quelques débris d'origine incontestablement humaine arrachés à ces profondeurs mystérieuses. C'étaient des parcelles d'ossements ayant appartenu à des hommes, et aussi des fragments d'armes ou de machines, des morceaux de poterie, des lambeaux d'inscriptions en langage inconnu, des pierres dures finement travaillées, parfois sculptées en forme de statues presque intactes, des chapiteaux délicatement ouvragés, etc., etc. De l'ensemble de ces trouvailles, on fut logiquement amené à induire qu'environ quarante mille ans plus tôt, c'est-à-dire vingt mille avant le moment où avaient surgi, on ne savait d'où ni comment, les premiers représentants de la race contemporaine, des hommes avaient déjà vécu dans ces mêmes lieux et y étaient parvenus à un degré de civilisation fort avancée.

Telle fut, en effet, la conclusion généralement admise. Toutefois il y eut au moins un dissident.

Ce dissident n'était autre que Sofr. Admettre que d'autres hommes, séparés de leurs successeurs par un abime de vingt mille ans, eussent une première fois peuplé la terre, c'était, à son estime, pure folie. D'où seraient venus, dans ce cas, ces descendants d'ancêtres depuis si longtemps disparus et auxquels nul lien ne les rattachait ? Plutôt que d'accueillir une hypothèse aussi absurde, mieux valait rester dans l'expectative. De ce que ces faits singuliers ne fussent pas expliqués, il ne fallait pas conclure qu'ils fussent inexplicables. On les interpréterait un jour. Jusque-là, il convenait de n'en tenir aucun compte et de rester attaché à ces principes, qui satisfont pleinement la raison pure :

La vie planétaire se divise en deux phases : avant l'homme, depuis l'homme. Dans la première, la terre, en état de perpétuelle transformation, est, pour cette cause, inhabitable et inhabitée. Dans la seconde, l'écorce du globe est arrivée à un degré de cohésion permettant la stabilité. Aussitôt, ayant enfin un substratum solide, la vie apparait. Elle débute par les formes les plus simples, et va toujours se compliquant pour aboutir finalement à l'homme, son expression dernière et la plus parfaite. L'homme, à peine apparu sur la terre, commence aussitôt et poursuit sans arrêt son ascension. D'une marche lente mais sûre, il s'achemine vers sa fin, qui est la connaissance parfaite et la domination absolue de l'univers... »

Emporté par la chaleur de ses convictions, Sofr avait dépassé sa maison. Il fit volte-face en maugréant.

« Eh quoi ! se disait-il, admettre que l'homme — il y aurait quarante mille ans ! — soit parvenu à une civilisation comparable, sinon supérieure à celle dont nous jouissons présentement, et que ses connaissances, ses acquisitions aient disparu sans laisser la moindre trace, au point de contraindre ses descendants à recommencer l'œuvre par la base, comme s'ils étaient les pionniers d'un monde inhabité avant eux ?.. Mais ce serait nier l'avenir, proclamer que notre effort est vain et que tout progrès est aussi précaire et peu assuré qu'une bulle d'écume à la surface des flots ! »

Sofr fit halte devant sa maison.

« Upsa ni !.. hartchok !.. (Non, non !.. en vérité !..), Andart mir'hoë spha !.. » (L'homme est le maître des choses !..) — murmura-t-il en poussant la porte.

* * *

Quand le zartog se fut reposé quelques instants, il déjeuna de bon appétit, puis s'étendit pour faire sa sieste quotidienne. Mais les questions qu'il avait agitées en regagnant son domicile continuaient à l'obséder et chassaient le sommeil.

Quel que fût son désir d'établir l'irréprochable unité des méthodes de la nature, il avait trop d'esprit critique pour méconnaître combien était faible son système dès qu'on abordait le problème de l'origine et de la formation de l'homme. Contraindre les faits à cadrer avec une hypothèse préalable, c'est une manière d'avoir raison contre les autres, ce n'en est pas une d'avoir raison contre soi-même.

Si, au lieu d'être un savant, un très éminent zartog, Sofr avait fait partie de la classe des illettrés, il eût été moins embarrassé. Le peuple, en effet, sans perdre son temps à de profondes spéculations, se contentait d'accepter, les yeux fermés, la vieille légende que, de temps immémorial, on se transmettait de père en fils. Expliquant le mystère par un autre mystère, elle faisait remonter l'origine de l'homme à l'intervention d'une volonté supérieure. Un jour, cette puissance extra-terrestre avait créé de rien Hedom et Hiva, le premier homme et la première femme, dont les descendants avaient peuplé la terre. Ainsi tout s'enchaînait très simplement.

Trop simplement! songeait Sofr. Quand on désespère de comprendre quelque chose, il est vraiment trop facile de faire intervenir la divinité : de cette façon, il devient inutile de chercher la solution des énigmes de l'univers, les problèmes étant supprimés aussitôt que posés.

Si encore la légende populaire avait eu, ne fût-ce que l'apparence d'une base sérieuse !.. Mais elle ne reposait sur rien. Ce n'était qu'une tradition, née aux époques d'ignorance, et transmise ensuite d'âge en âge. Jusqu'à ce nom : « Hedom !.. » D'où venait ce vocable bizarre, à la consonnance étrangère, qui ne semblait pas appartenir à la langue des Andart'-Iten-Schu ? Rien que sur cette petite difficulté philologique, une infinité de savants avaient pâli, sans trouver de réponse satisfaisante... Allons ! billevesées que tout cela, indignes de retenir l'attention d'un zartog !..

Sofr, agacé, descendit dans son jardin. Aussi bien était-ce l'heure où il avait coutume de le faire. Le soleil déclinant versait sur la terre une chaleur moins brûlante, et une brise tiède commençait à souffler de la Spone-Schu. Le zartog erra par les allées, à l'ombre des arbres, dont les feuilles frissonnantes murmuraient au vent du large, et, peu à peu, ses nerfs retrouvèrent leur équilibre habituel. Il put secouer ses absorbantes pensées, jouir paisiblement du plein air, s'intéresser aux fruits, richesse des jardins, aux fleurs, leur parure.

Le hasard de la promenade l'ayant ramené vers sa maison, il s'arrêta au bord d'une profonde excavation, où gisaient de nombreux outils. Là seraient jetés à bref délai les fondements d'une construction neuve qui doublerait la surface de son laboratoire. Mais, en ce jour de fête, les ouvriers avaient abandonné leur travail pour se livrer au plaisir.

Sofr estimait machinalement l'ouvrage déjà fait et l'ouvrage qui restait à faire, quand, dans la pénombre de l'excavation, un point brillant attira ses yeux. Intrigué, il descendit au fond du trou et dégagea un objet singulier de la terre qui le recouvrait aux trois quarts.

Remonté au jour, le zartog examina sa trouvaille. C'était une sorte d'étui, fait d'un métal inconnu, de couleur grise, de texture granuleuse, et dont un long séjour dans le sol avait atténué l'éclat. Au tiers de sa longueur, une fente indiquait que l'étui était formé de deux parties s'emboîtant l'une dans l'autre : Sofr essaya de l'ouvrir.

A sa première tentative, le métal, désagrégé par le temps, se réduisit en poussière, découvrant un second objet qui y était inclus.

La substance de cet objet était aussi nouvelle pour le zartog que le métal qui l'avait protégé jusqu'alors. C'était un rouleau de feuillets superposés et criblés de signes étranges, dont la régularité montrait qu'ils étaient des caractères d'écriture, mais d'une écriture inconnue, et telle que Sofr n'en avait jamais vu de semblable, ni même d'analogue.

Le zartog, tout tremblant d'émotion, courut s'enfermer dans son laboratoire, et, ayant étalé avec soin le précieux document, il le considéra.

Oui, c'était bien de l'écriture, rien de plus certain. Mais il ne

UNE VAGUE ÉNORME... (PAGE 226.)

l'était pas moins que cette écriture ne ressemblait en rien à aucune de celles que, depuis l'origine des temps historiques, on avait pratiquées sur toute la surface de la terre.

D'où venait ce document ? Que signifiait-il ? Telles furent les deux questions qui se posèrent d'elles-mêmes à l'esprit de Sofr.

Pour répondre à la première il fallait nécessairement être en état de répondre à la seconde. Il s'agissait donc, tout d'abord, de lire, de traduire ensuite, — car on pouvait affirmer a priori que la langue du document serait aussi ignorée que son écriture.

Cela était-il impossible ? Le zartog Sofr ne le pensa pas, et, sans plus tarder, il se mit fiévreusement au travail.

Ce travail dura longtemps, longtemps, des années entières. Sofr ne se lassa point. Sans se décourager, il poursuivit l'étude méthodique du mystérieux document, avançant pas à pas vers la lumière. Un jour vint enfin où il posséda la clef de l'indéchiffrable rébus, un jour vint où, avec beaucoup d'hésitation et beaucoup de peine encore, il put le traduire dans la langue des Hommes-des-Quatre-Mers.

Or, quand ce jour arriva, le zartog Sofr-Aï-Sr lut ce qui suit :

*
* *

Rosario, le 24 mai 2...

Je date de cette façon le début de mon récit, bien qu'en réalité il ait été rédigé à une autre date beaucoup plus récente et en des lieux bien différents. Mais, en pareille matière, l'ordre est, à mon sens, impérieusement nécessaire, et c'est pourquoi j'adopte la forme d'un « journal », écrit au jour le jour.

C'est donc le 24 mai que commence le récit des effroyables événements que j'entends ici rapporter pour l'enseignement de ceux qui viendront après moi, si toutefois l'humanité est encore en droit de compter sur un avenir quelconque.

En quelle langue écrirai-je ? En anglais ou en espagnol, que je parle couramment ? Non ! j'écrirai dans la langue de mon pays : en français.

Ce jour-là, le 24 mai, j'avais réuni quelques amis dans ma villa de Rosario.

Rosario est ou plutôt était une ville du Mexique, sur le rivage du Pacifique, un peu au sud du golfe de Californie. Une dizaine d'années auparavant, je m'y étais installé pour diriger l'exploitation d'une mine d'argent qui m'appartenait en propre. Mes affaires avaient étonnamment prospéré. J'étais un homme riche, très riche même, — ce mot-là me fait bien rire aujourd'hui ! — et je projetais de rentrer à bref délai en France, ma patrie d'origine.

Ma villa, des plus luxueuses, était située au point culminant d'un vaste jardin qui descendait en pente vers la mer et finissait brusquement en une falaise à pic, de plus de cent mètres de hauteur. En arrière de ma villa, le terrain continuait à monter, et, par des routes en lacets, on pouvait atteindre la crête de montagnes dont l'altitude dépassait quinze cents mètres. Souvent, c'était une agréable promenade, — j'en avais fait l'ascension dans mon automobile, un superbe et puissant double phaéton de trente-cinq chevaux, de l'une des meilleures marques françaises.

J'étais installé à Rosario avec mon fils, Jean, un beau garçon de vingt ans, quand, à la mort de parents éloignés par le sang, mais près de mon cœur, je recueillis leur fille, Hélène, restée orpheline et sans fortune. Depuis cette époque, cinq ans s'étaient écoulés. Mon fils Jean avait vingt-cinq ans; ma pupille Hélène, vingt ans. Dans le secret de mon âme, je les destinais l'un à l'autre.

Notre service était assuré par un valet de chambre, Germain, par Modeste Simonat, un chauffeur des plus débrouillards, et par deux femmes, Edith et Mary, filles de mon jardinier, George Raleigh, et de son épouse, Anna.

Ce jour-là, 24 mai, nous étions huit assis autour de ma table, à la lumière des lampes qu'alimentaient des groupes électrogènes installés dans le jardin. Il y avait, outre le maître de céans, son fils et sa pupille, cinq autres convives, dont trois appartenaient à la race anglo-saxonne et deux à la nation mexicaine.

Le docteur Bathurst figurait parmi les premiers, et le docteur Moreno parmi les seconds. C'étaient deux savants, dans la plus large acception du mot, ce qui ne les empêchait pas d'être rarement d'accord. Au demeurant, de braves gens et les meilleurs amis du monde.

Les deux autres Anglo-Saxons avaient nom Williamson, propriétaire d'une importante pêcherie de Rosario, et Rowling, un audacieux qui avait fondé aux environs de la ville un établissement de primeurs, où il était en train de récolter une sérieuse fortune.

Quant au dernier convive, c'était le señor Mendoza, président du tribunal de Rosario, homme estimable, esprit cultivé, juge intègre.

Nous arrivâmes sans incident notable à la fin du repas. Les paroles qu'on avait prononcées jusque-là, je les ai oubliées. Par contre, il n'en est pas ainsi de ce qui fut dit au moment des cigares.

Non pas que ces propos eussent par eux-mêmes une importance particulière, mais le commentaire brutal qui devait bientôt en être fait ne laisse pas de leur donner quelque piquant, et c'est pourquoi ils ne sont jamais sortis de mon esprit.

On en était venu — comment, peu importe! — à parler des progrès merveilleux accomplis par l'homme. Le docteur Bathurst dit, à un certain moment :

« Il est de fait que si Adam (naturellement, en sa qualité d'Anglo-Saxon, il prononçait *Edem*) et Ève (il prononçait *Iva*, bien entendu) revenaient sur la terre, ils seraient joliment étonnés ! »

Ce fut l'origine de la discussion. Fervent darwiniste, partisan convaincu de la sélection naturelle, Moreno demanda d'un ton ironique à Bathurst si celui-ci croyait sérieusement à la légende du Paradis terrestre. Bathurst répondit qu'il croyait du moins en Dieu, et que, l'existence d'Adam et d'Ève étant affirmée par la Bible, il s'interdisait de la discuter. Moreno repartit qu'il croyait en Dieu au moins autant que son contradicteur, mais que le premier homme et la première femme pouvaient fort bien n'être que des mythes, des symboles, et qu'il n'y avait rien d'impie, par conséquent, à supposer que la Bible eût voulu figurer ainsi le souffle de vie introduit par la puissance créatrice dans la première cellule, de laquelle toutes les autres avaient ensuite procédé. Bathurst riposta que l'explication était spécieuse, et que, en ce qui le concernait, il estimait plus flatteur d'être l'œuvre directe de la divinité que d'en descendre par l'intermédiaire de primates plus ou moins simiesques...

Je vis le moment où la discussion allait s'échauffer, quand elle cessa tout à coup, les deux adversaires ayant par hasard trouvé un terrain d'entente. C'est ainsi, d'ailleurs, que les choses finissaient d'ordinaire.

Cette fois, revenant à leur premier thème, les deux antagonistes s'accordaient à admirer, quelle que fût l'origine de l'humanité, la haute culture où elle était parvenue; ils énuméraient ses conquêtes avec orgueil. Toutes y passèrent. Bathurst vanta la chimie, poussée à un tel degré de perfection qu'elle tendait à disparaître pour se confondre avec la physique, les deux sciences n'en formant plus qu'une, ayant pour objet l'étude de l'immanente énergie. Moreno fit l'éloge de la médecine et de la chirurgie, grâce auxquelles on avait pénétré l'intime nature du phénomène de la vie et dont les prodigieuses découvertes permettaient d'espérer, pour un avenir prochain, l'immortalité des organismes animés. Après quoi, tous deux se congratulèrent des hauteurs atteintes par l'astronomie. Ne conversait-on pas maintenant, en attendant les étoiles, avec sept des planètes du système solaire (¹)?..

Fatigués par leur enthousiasme, les deux apologistes prirent un petit temps de repos. Les autres convives en profitèrent pour placer un mot, à leur tour, et l'on entra dans le vaste champ des inventions pratiques qui avaient si profondément modifié la condition de l'humanité. On célébra les chemins de fer et les steamers, affectés au transport des marchandises lourdes et encombrantes, les aéronefs économiques, utilisées par les voyageurs à qui le temps ne manque pas, les tubes pneumatiques ou électro-ioniques sillonnant tous les continents et toutes les mers, adoptés par les gens pressés. On célébra les innombrables machines, plus ingénieuses les unes que les autres, dont une seule, dans certaines industries, exécute le travail de cent hommes. On célébra l'imprimerie, la photographie des couleurs et de la lumière, celle du son, de la chaleur et de toutes les vibrations de l'éther. On célébra surtout l'électricité, cet agent si souple, si docile et si parfaitement connu dans ses propriétés et dans son essence, qui permet, sans le moindre connecteur matériel, soit d'actionner un mécanisme quelconque, soit de diriger un vaisseau marin, sous-marin ou aérien, soit de s'écrire, de se parler ou de se voir, et cela quelque grande que soit la distance.

Bref, ce fut un vrai dithyrambe, dans lequel je fis ma partie, je l'avoue. On s'accorda sur ce point que l'humanité avait atteint un niveau intellectuel inconnu avant notre époque, et qui autorisait à croire à sa victoire définitive sur la nature.

— Cependant, fit de sa petite voix flûtée le président Mendoza, profitant de l'instant de silence qui suivit cette conclusion finale, je me suis laissé dire que des peuples, aujourd'hui disparus sans laisser la moindre trace, étaient déjà parvenus à une civilisation égale ou analogue à la nôtre.

(¹) De ces mots, il faut conclure qu'au moment où ce journal *sera* écrit, le système solaire *comprendra* plus de huit planètes, et que l'homme en *aura* par conséquent découvert une ou plusieurs au delà de Neptune.

— Lesquels ? interrogea la table, tout d'une voix.

— Eh mais !.. les Babyloniens, par exemple.

Ce fut une explosion d'hilarité. Oser comparer les Babyloniens aux hommes modernes !

— Les Égyptiens, continuait don Mendoza tranquillement.

On rit plus fort autour de lui.

— Il y a aussi les Atlantes, que notre ignorance seule rend légendaires, poursuivit le président. Ajoutez qu'une infinité d'autres humanités, antérieures aux Atlantes eux-mêmes, ont pu naître, prospérer et s'éteindre sans que nous en ayons aucune connaissance !

Don Mendoza persistant dans son paradoxe, on consentit, afin de ne pas le froisser, à faire semblant de le prendre au sérieux.

— Voyons, mon cher président, insinua Moreno, du ton que l'on a soin d'adopter pour faire entendre raison à un enfant, vous ne voulez pas prétendre, j'imagine, qu'aucun de ces anciens peuples puisse être comparé à nous ?.. Dans l'ordre moral, j'admets qu'ils se soient élevés à un égal degré de culture, mais dans l'ordre matériel !..

— Pourquoi pas ? objecta don Mendoza.

— Parce que, s'empressa d'expliquer Bathurst, le propre de nos inventions est qu'elles se répandent instantanément par toute la terre : la disparition d'un seul peuple, ou même d'un grand nombre de peuples, laisserait donc intacte la somme de progrès accomplis. Pour que l'effort humain fût perdu, il faudrait que toute l'humanité disparût à la fois. Est-ce là, je vous le demande, une hypothèse admissible ?..

Pendant que nous causions ainsi, les effets et les causes continuaient à s'engendrer réciproquement dans l'infini de l'univers, et, moins d'une minute après la question que venait de poser le docteur Bathurst, leur résultante totale n'allait que trop justifier le scepticisme de Mendoza. Mais nous n'en avions aucun soupçon, et nous discourions paisiblement, les uns renversés sur le dossier de leur siège, les autres accoudés sur la table, tous faisant converger des regards compatissants vers Mendoza que nous supposions accablé par la réplique de Bathurst.

— D'abord, répondit le président sans s'émouvoir, il est à croire que la terre avait jadis moins d'habitants qu'elle n'en a aujourd'hui, de telle sorte qu'un peuple pouvait fort bien posséder à lui seul le savoir universel. Ensuite, je ne vois rien d'absurde, *a priori*, à admettre que toute la surface du globe soit bouleversée en même temps.

— Allons donc ! nous écriâmes-nous, à l'unisson.

Ce fut à cet instant précis que survint le cataclysme.

Nous prononcions encore tous ensemble cet : « Allons donc ! » qu'un vacarme effroyable s'éleva. Le sol trembla et manqua sous nos pieds, la villa oscilla sur ses fondements.

Nous heurtant, nous bousculant, en proie à une terreur indicible, nous nous précipitâmes au dehors.

A peine avions-nous franchi le seuil, que la maison s'écroulait, d'un seul bloc, ensevelissant sous ses décombres le président Mendoza et mon valet de chambre Germain, qui venaient les derniers. Après quelques secondes d'un affolement bien naturel, nous nous disposions à leur porter secours, quand nous aperçûmes Raleigh, mon jardinier, qui accourait, suivi de sa femme, du bas du jardin, où il habitait.

« La mer !.. La mer !.. » criait-il à pleins poumons.

Je me retournai du côté de l'océan et demeurai sans mouvement, frappé de stupeur. Ce n'est pas que je me rendisse nettement compte de ce que je voyais, mais j'eus sur-le-champ la claire notion que la perspective coutumière était changée. Or, cela ne suffisait-il pas à glacer le cœur d'épouvante que l'aspect de la nature, de cette nature que nous considérons comme immuable par essence, eût été si étrangement modifié en quelques secondes ?

Cependant je ne tardai pas à recouvrer mon sang-froid. La véritable supériorité de l'homme, ce n'est pas de dominer, de vaincre la nature ; c'est, pour le penseur, de la comprendre, de faire tenir l'univers immense dans le microcosme de son cerveau ; c'est, pour l'homme d'action, de garder une âme sereine devant la révolte de la matière, c'est de lui dire : « Me détruire, soit ! m'émouvoir, jamais !.. »

Dès que j'eus reconquis mon calme, je compris en quoi le tableau que j'avais sous les yeux différait de celui que j'étais accoutumé de contempler. La falaise avait disparu, tout simplement, et mon jardin s'était abaissé jusqu'au ras de la mer, dont les vagues, après avoir anéanti la maison du jardinier, battaient furieusement mes plates-bandes les plus basses.

Comme il était peu admissible que le niveau de l'eau eût monté, il fallait nécessairement que celui de la terre eût descendu. La descente dépassait cent mètres, puisque la falaise avait précédemment cette hauteur, mais elle avait dû se faire avec une certaine douceur, car nous ne nous en étions guère aperçus, ce qui expliquait le calme relatif de l'océan.

Un bref examen me convainquit que mon hypothèse était juste et me permit, en outre, de constater que la descente n'avait pas cessé. La mer continuait à gagner, en effet, avec une vitesse qui me parut voisine de deux mètres à la seconde, — soit sept ou huit kilomètres à l'heure. — Étant donné la distance qui nous séparait des premières vagues, nous allions par conséquent être engloutis en moins de trois minutes, si la vitesse de chute demeurait uniforme.

Ma décision fut rapide :

« A l'auto ! » m'écriai-je.

On me comprit. Nous nous élançâmes tous vers la remise, et l'auto fut traînée au dehors. En un clin d'œil, on fit le plein d'essence, puis nous nous entassâmes au petit bonheur. Mon chauffeur Simonat actionna le moteur, sauta au volant, embraya et partit sur la route en quatrième vitesse, tandis que Raleigh, ayant ouvert la grille, agrippait l'auto au passage et se cramponnait aux ressorts d'arrière.

Il était temps ! Au moment où l'auto atteignait la route, une lame vint, en déferlant, mouiller les roues jusqu'au moyeu. Bah ! désormais nous pouvions nous rire de la poursuite de la mer. En dépit de sa charge excessive, ma bonne machine saurait nous mettre hors de ses atteintes, et, à moins que la descente vers l'abîme ne dût indéfiniment continuer... En somme, nous avions du champ devant nous : deux heures au moins de montée et une altitude disponible de près de quinze cents mètres.

Pourtant je ne tardai pas à reconnaître qu'il ne convenait pas encore de crier victoire. Après que le premier bond de la voiture nous eut portés à une vingtaine de mètres de la frange d'écume, c'est en vain que Simonat ouvrit les gaz en grand : cette distance ne s'accrut pas. Sans doute, le poids des douze personnes ralentissait l'allure de la voiture. Quoi qu'il en fût, cette allure était tout juste égale à celle de l'eau envahissante, qui restait invariablement à la même distance.

Cette inquiétante situation fut bientôt connue, et tous, sauf Simonat, appliqué à diriger sa voiture, nous nous retournâmes vers le chemin que nous laissions en arrière. On n'y voyait plus rien que de l'eau. A mesure que nous l'avions conquise, la route disparaissait sous la mer qui la conquérait à son tour. Celle-ci s'était calmée. A peine si quelques rides venaient doucement mourir sur une grève toujours nouvelle. C'était un lac paisible qui gonflait, gonflait toujours, d'un mouvement uniforme, et rien n'était tragique comme la poursuite de cette eau calme. En vain nous fuyions devant elle, l'eau montait, implacable, avec nous...

Simonat, qui tenait les yeux fixés sur la route, dit, à un tournant :

« Nous voici à moitié de la pente. Encore une heure de montée.

Nous frissonnâmes : eh quoi ! dans une heure, nous allions atteindre le sommet, et il nous faudrait redescendre, chassés, rejoints alors, quelle que fût notre vitesse, par les masses liquides qui s'écrouleraient en avalanche à notre suite !..

L'heure s'écoula sans que rien fût changé dans notre situation. Déjà, nous distinguions le point culminant de la côte, quand la voiture éprouva une violente secousse et fit une embardée qui faillit la fracasser sur le talus de la route. En même temps, une vague énorme s'enfla derrière nous, courut à l'assaut de la route, se creusa, et déferla finalement sur l'auto, qui fut entourée d'écume... Allions-nous donc être engloutis ?..

Non ! l'eau se retira en bouillonnant, tandis que le moteur, précipitant tout à coup ses halètements, augmentait notre allure.

D'où provenait ce subit accroissement de vitesse ? Un cri d'Anna Raleigh nous le fit comprendre : ainsi que la pauvre femme venait de le constater, son mari n'était plus cramponné aux ressorts. Sans doute, le remous avait arraché le malheureux, et c'est pourquoi la voiture délestée gravissait plus allégrement la pente.

Soudain, elle s'arrêta sur place.

— Qu'y a-t-il ? demandai-je à Simonat. Une panne ? »

Même dans ces circonstances tragiques, l'orgueil professionnel ne perdit pas ses droits : Simonat haussa les épaules avec dédain, entendant par là me signifier que la panne était inconnue d'un chauffeur de sa sorte, et, de la main, il montra silencieusement la route. L'arrêt me fut alors expliqué.

La route était coupée à moins de dix mètres en avant de nous. « Coupée » est le mot juste : on l'eût dite tranchée au couteau. Au delà d'une arête vive qui la terminait brusquement, c'était le vide, un abîme de ténèbres, au fond duquel il était impossible de rien distinguer.

Nous nous retournâmes, éperdus, certains que notre dernière heure avait sonné. L'océan, qui nous avait poursuivis jusque sur ces hauteurs, allait nécessairement nous atteindre en quelques secondes...

Tous, sauf la malheureuse Anna et ses filles, qui sanglotaient à fendre l'âme, nous poussâmes un cri de joyeuse surprise. Non, l'eau n'avait pas continué son mouvement ascensionnel, ou, plus exactement, la terre avait cessé de s'enfoncer. Sans doute, la secousse que nous venions de ressentir avait été l'ultime manifestation du phénomène. L'océan s'était arrêté, et son niveau restait en contre-bas de près de cent mètres du point sur lequel nous étions groupés autour de l'auto encore trépidante, pareille à un animal essoufflé par une course rapide.

Réussirions-nous à nous tirer de ce mauvais pas? Nous ne le saurions qu'au jour. Jusque-là, il fallait attendre. L'un après l'autre, nous nous étendîmes donc sur le sol, et je crois, Dieu me pardonne, que je m'endormis!..

Dans la nuit.

Je suis réveillé en sursaut par un bruit formidable. Quelle heure est-il?. Je l'ignore. En tout cas, nous sommes toujours noyés dans les ténèbres de la nuit.

Le bruit sort de l'abîme impénétrable dans lequel la route s'est effondrée. Que se passe-t-il?.. On jurerait que des masses d'eau y tombent en cataractes, que des lames gigantesques s'y entrechoquent avec violence... Oui, c'est bien cela, car des volutes d'écume arrivent jusqu'à nous, et nous sommes couverts par les embruns.

Puis le calme renaît peu à peu... Tout rentre dans le silence... Le ciel pâlit... C'est le jour.

25 mai.

Quel supplice que la lente révélation de notre situation véritable! D'abord, nous ne distinguons que nos environs immédiats, mais le cercle grandit, grandit sans cesse, comme si notre espoir toujours déçu avait soulevé l'un après l'autre un nombre infini de voiles légers; — et c'est enfin la pleine lumière, qui détruit nos dernières illusions.

Notre situation est des plus simples et peut se résumer en quelques mots : nous sommes sur une île. La mer nous entoure de toutes parts. Hier encore, nous aurions aperçu tout un océan de sommets, dont plusieurs dominaient celui sur lequel nous nous trouvons : ces sommets ont disparu, tandis que, pour des raisons qui resteront à jamais inconnues, le nôtre, plus humble cependant, s'est arrêté dans sa chute tranquille; à leur place, s'étale une nappe d'eau sans limite. De tous côtés, rien que la mer. Nous occupons le seul point solide du cercle immense décrit par l'horizon.

Il nous suffit d'un coup d'œil pour connaître dans toute son étendue l'îlot où une chance extraordinaire nous a fait trouver asile. Il est de petite taille, en effet : mille mètres, au plus, en longueur, et cinq cents dans l'autre dimension. Vers le Nord, l'Ouest et le Sud, son sommet, élevé d'à peu près cent mètres au-dessus des flots, les rejoint par une pente assez douce. A l'Est, au contraire, l'îlot se termine en une falaise qui tombe à pic dans l'océan.

C'est de ce côté surtout que nos yeux se tournent. Dans cette direction, nous devrions voir des montagnes étagées, et, au delà, le Mexique tout entier. Quel changement dans l'espace d'une courte nuit de printemps ! Les montagnes ont disparu, le Mexique a été englouti ! A leur place, c'est un désert infini, le désert aride de la mer !

Nous nous regardons, épouvantés. Parqués, sans vivres, sans eau, sur ce roc étroit et nu, nous ne pouvons conserver le moindre espoir. Farouches, nous nous couchons sur le sol, et nous commençons à attendre la mort.

**

A bord de la *Virginia*, 4 juin.

Que s'est-il passé pendant les jours suivants ? Je n'en ai pas gardé le souvenir. Il est à supposer que je perdis finalement connaissance : je ne retrouve conscience qu'à bord du navire qui nous a recueillis. Alors seulement, j'apprends que nous avons séjourné dix jours entiers sur l'îlot et que deux d'entre nous, Williamson et Rowling, y sont morts de soif et de faim. Des quinze êtres vivants qu'abritait ma villa au moment du cataclysme, il n'en reste que neuf : mon fils Jean et ma pupille Hélène, mon chauffeur Simonat, inconsolable de la perte de sa machine, Anna Raleigh et ses deux filles, les docteurs Bathurst et Moreno, — et moi enfin, moi, qui me hâte de rédiger ces lignes pour l'édification des races futures, en admettant qu'il en doive naître.

La *Virginia*, qui nous porte, est un bâtiment mixte, — à vapeur et à voiles, — de deux mille tonneaux environ, consacré au transport des marchandises. C'est un assez vieux navire, médiocre marcheur. Le capitaine Morris a vingt hommes sous ses ordres. Le capitaine et l'équipage sont anglais.

La *Virginia* a quitté Melbourne sur lest; il y a un peu plus d'un mois, à destination de Rosario. Aucun incident n'a marqué son voyage, sauf, dans la nuit du 24 au 25 mai, une série de lames de fond d'une hauteur prodigieuse, mais d'une longueur proportionnée, ce qui les a rendues inoffensives. Quelque singulières qu'elles fussent, ces lames ne pouvaient faire prévoir au capitaine le cataclysme qui s'accomplissait au même instant. Aussi a-t-il été très surpris en ne voyant que la mer à l'endroit où il comptait rencontrer Rosario et le littoral mexicain. De ce littoral, il ne subsistait plus qu'un îlot. Un canot de la *Virginia* aborda cet îlot, sur lequel onze corps inanimés furent découverts. Deux n'étaient plus que des cadavres; on embarqua les neuf autres. C'est ainsi que nous fûmes sauvés.

« Ici, était Paris... » (Page 232.)

*
* *

A terre. — Janvier ou février.

Un intervalle de huit mois sépare les dernières lignes qui précèdent des premières qui vont suivre. Je date celles-ci de janvier ou février, dans l'impossibilité où je suis d'être plus précis, car je n'ai plus une exacte notion du temps.

Ces huit mois constituent la période la plus atroce de nos épreuves, celle où, par degrés cruellement ménagés, nous avons connu tout notre malheur.

Après nous avoir recueillis, la *Virginia* continua sa route vers l'Est, à toute vapeur. Quand je revins à moi, l'îlot où nous avions failli mourir était depuis longtemps sous l'horizon. Comme l'indiqua le point, que le capitaine prit par un ciel sans nuages, nous naviguions alors juste à l'endroit où aurait dû être Mexico. Mais, de Mexico, il ne demeurait aucune trace, — pas plus qu'on n'en avait trouvé, pendant mon évanouissement, des montagnes du centre, pas plus qu'on n'en distinguait maintenant d'une terre quelconque, si loin que portât la vue; de tous côtés, ce n'était que l'infini de la mer.

Il y avait, dans cette constatation, quelque chose de véritablement affolant. Nous sentions la raison près de nous échapper. Eh quoi ! le Mexique entier englouti !.. Nous échangions des regards épouvantés, en nous demandant jusqu'où s'étaient étendus les ravages de l'effroyable cataclysme...

Le capitaine voulut en avoir le cœur net; modifiant sa route, il mit le cap au Nord : si le Mexique n'existait plus, il n'était pas admissible qu'il en fût de même de tout le continent américain.

Il en était de même, pourtant. Nous remontâmes vainement au Nord pendant douze jours, sans rencontrer la terre, et nous ne la rencontrâmes pas davantage après avoir viré cap pour cap et nous être dirigés vers le Sud pendant près d'un mois. Quelque paradoxale qu'elle nous parût, force nous fut de nous rendre à l'évidence : oui, la totalité du continent américain s'était abîmée sous les flots !

N'avions-nous donc été sauvés que pour connaître une seconde fois les affres de l'agonie ? En vérité, nous avions lieu de le craindre. Sans parler des vivres qui manqueraient un jour ou l'autre, un danger pressant nous menaçait : que deviendrions-nous quand l'épuisement du charbon frapperait la machine d'immobilité ? Ainsi cesse de battre le cœur d'un animal exsangue. C'est pourquoi, le 14 juillet, — nous nous trouvions alors à peu près sur l'ancien emplacement de Buenos-Ayres, — le capitaine Morris laissa tomber les feux et mit à la voile. Cela fait, il réunit tout le personnel de la *Virginia*, équipage et passagers, et, nous ayant exposé en peu de mots la situation, il nous pria d'y réfléchir mûrement et de proposer la solution qui aurait nos préférences au conseil qui serait tenu le lendemain.

Je ne sais si quelqu'un de mes compagnons d'infortune se fût avisé d'un expédient plus ou moins ingénieux. Pour ma part, j'hésitais, je l'avoue, très incertain du meilleur parti à prendre, quand une tempête qui s'éleva dans la nuit trancha la question ; il nous fallut fuir dans l'Ouest, emportés par un vent déchaîné, à chaque instant sur le point d'être englouti par une mer furieuse.

L'ouragan dura trente-cinq jours, sans une minute d'interruption, voire même de détente. Nous commencions à désespérer qu'il finît jamais, lorsque, le 19 août, le beau temps revint avec la même soudaineté qu'il avait cessé. Le capitaine en profita pour faire le point : le calcul lui donna $40°$ de latitude Nord et $114°$ de longitude Est. C'étaient les coordonnées de Pékin !

Donc, nous avions passé au-dessus de la Polynésie, et peut-être de l'Australie, sans même nous en rendre compte, et là où nous voguions maintenant s'étendait jadis la capitale d'un empire de quatre cents millions d'âmes !

L'Asie avait-elle donc eu le sort de l'Amérique ?

Nous en fûmes bientôt convaincus. La *Virginia*, continuant sa route cap au Sud-Ouest, arriva à la hauteur du Thibet, puis à celle de l'Himalaya. Ici auraient dû s'élever les plus hauts sommets du globe. Eh bien, dans toutes les directions, rien n'émergeait de la surface de l'océan. C'était à croire qu'il n'existait plus, sur la terre, d'autre point solide que l'îlot qui nous avait sauvés, — que nous étions les seuls survivants du cataclysme, les derniers habitants d'un monde enseveli dans le mouvant linceul de la mer !

S'il en était ainsi, nous ne tarderions pas à périr à notre tour. Malgré un rationnement sévère, les vivres du bord s'épuisaient, en effet, et nous devions perdre, en ce cas, tout espoir de les renouveler...

J'abrège le récit de cette navigation effarante. Si, pour la raconter en détail, j'essayais de la revivre jour par jour, le souvenir me rendrait fou. Pour étranges et terribles que soient les événements qui l'ont précédée et suivie, quelque lamentable que m'apparaisse l'avenir, — un avenir que je ne verrai pas, — c'est encore durant cette navigation infernale que nous avons connu le maximum de l'épouvante. Oh ! cette course éternelle sur une mer sans fin ! S'attendre tous les jours à aborder quelque part et voir sans cesse reculer le terme du voyage ! Vivre penchés sur des cartes où les hommes avaient gravé la ligne sinueuse des rivages, et constater que rien, absolument rien, n'existe plus de ces lieux qu'ils pensaient éternels ! Se dire que la terre palpitait de vies innombrables, que des millions d'hommes et des myriades d'animaux la parcouraient en tous sens ou en sillonnaient l'atmosphère, et que tout est mort à la fois, que toutes ces vies se sont éteintes ensemble comme une petite flamme au souffle du vent ! Se chercher partout des semblables et les chercher en vain ! Acquérir peu à peu la certitude qu'autour de soi il n'existe rien de vivant, et prendre graduellement conscience de sa solitude au milieu d'un impitoyable univers !...

Ai-je trouvé les mots convenables pour exprimer notre angoisse ? Je ne sais. Dans aucune langue il n'en doit exister d'adéquats à une situation sans précédent.

Après avoir reconnu la mer où était jadis la péninsule indienne, nous remontâmes au Nord pendant dix jours, puis nous mîmes le cap à l'Ouest. Sans que notre condition changeât le moins du monde, nous franchîmes la chaîne de l'Oural devenue montagnes sous-marines, et nous naviguâmes au-dessus de ce qui avait été l'Europe. Nous descendîmes ensuite vers le Sud, jusqu'à vingt degrés au delà de l'Équateur ; après quoi, lassés de notre inutile recherche, nous reprîmes la route du Nord et traversâmes, jusque passé les Pyrénées, une étendue d'eau qui recouvrait l'Afrique et l'Espagne. En vérité nous commencions à nous habituer à notre épouvante. A mesure que nous avancions, nous pointions notre route sur les cartes, et nous disions : « Ici, c'était Moscou... Varsovie... Berlin... Vienne... Rome... Tunis... Tombouctou... Saint-Louis... Oran... Madrid... », mais avec une indifférence croissante, et, l'accoutumance aidant, nous en arrivions à prononcer sans émotion ces paroles, en réalité si tragiques.

Pourtant, moi tout au moins, je n'avais pas épuisé ma capacité de souffrance. Je m'en aperçus, le jour — c'était à peu près le 11 décembre — où le capitaine Morris me dit : « Ici, c'était Paris... » A ces mots, je crus qu'on m'arrachait l'âme. Que l'univers entier fût englouti, soit ! Mais la France — ma France ! — et Paris, qui la symbolisait !...

A mes côtés, j'entendis comme un sanglot. Je me retournai ; c'était Simonat qui pleurait.

Pendant quatre jours encore, nous poursuivîmes notre route vers le Nord ; puis, arrivés à la hauteur d'Édimbourg, on redescendit vers le Sud-Ouest, en quête de l'Irlande, puis la route fut donnée à l'Est... En réalité, nous errions au hasard, car il n'y avait pas plus de raison d'aller dans une direction que dans une autre...

On passa au-dessus de Londres, dont la tombe liquide fut saluée de tout l'équipage. Cinq jours après, nous étions à la hauteur de Dantzig, quand le capitaine Morris fit virer cap pour cap et ordonna de gouverner au Sud-

NOTRE PREMIER SOIN FUT DE RÉCOLTER NOTRE NOURRITURE SUR LA GRÈVE. (Page 234.)

Ouest. Le timonier obéit passivement. Qu'est-ce que cela pouvait bien lui faire ? De tous côtés, ne serait-ce pas la même chose ?..

Ce fut le neuvième jour de navigation à cette aire de compas que nous mangeâmes notre dernier morceau de biscuit.

Comme nous nous regardions avec des yeux hagards, le capitaine Morris commanda tout à coup de rallumer les feux. A quelle pensée obéissait-il ? j'en suis encore à me le demander ; mais l'ordre fut exécuté : la vitesse du navire s'accéléra...

Deux jours plus tard, nous souffrions déjà cruellement de la faim. Le surlendemain, presque tous refusèrent obstinément de se lever ; il n'y eut que le capitaine, Simonat, quelques hommes de l'équipage et moi, pour avoir l'énergie d'assurer la direction du navire.

Le lendemain, cinquième jour de jeûne, le nombre des timoniers et des mécaniciens bénévoles décrut encore. Dans vingt-quatre heures, personne n'aurait plus la force de se tenir debout.

Nous naviguions alors depuis plus de sept mois. Depuis plus de sept mois, nous labourions la mer en tous sens. Nous devions être, je crois, le 8 janvier. — Je dis : « je crois », dans l'impossibilité où je suis d'être plus précis, le calendrier ayant dès lors perdu pour nous beaucoup de sa rigueur.

Or, ce fut ce jour-là, pendant que je tenais la barre et que je consacrais à garder la ligne de foi toute mon attention défaillante, qu'il me sembla discerner quelque chose dans l'Ouest. Croyant être le jouet d'une erreur, j'écarquillai les yeux...

Non, je ne m'étais pas trompé !

Je poussai un véritable rugissement, puis, me cramponnant à la barre, je criai d'une voix forte :

« Terre par tribord devant ! »

Quel effet magique eurent ces mots ! Tous les moribonds ressuscitèrent à la fois, et leurs figures hâves apparurent au-dessus de la lisse de tribord.

« C'est bien la terre, » dit le capitaine Morris, après avoir examiné le nuage qui émergeait à l'horizon.

Une demi-heure plus tard, il était impossible de conserver le moindre doute. C'était bien la terre que nous trouvions en plein Océan Atlantique, après l'avoir vainement cherchée sur toute la surface des anciens continents !

Vers trois heures de l'après-midi, le détail du littoral qui nous barrait la route devint perceptible, et nous sentîmes renaître notre désespoir. C'est qu'en vérité ce littoral ne ressemblait à aucun autre, et nul d'entre nous n'avait souvenir d'en avoir jamais vu d'une si absolue, d'une si parfaite sauvagerie.

Sur la terre, telle que nous l'habitions avant le désastre, le vert était une couleur très abondante. Nul d'entre nous ne connaissait de côte si déshéritée, de contrée si aride, qu'il ne s'y rencontrât quelques arbustes, voire quelques touffes d'ajoncs, voire simplement des traînées de lichens ou de mousses. Ici, rien de tel. On ne distinguait qu'une haute falaise noirâtre, au pied de laquelle gisait un chaos de rochers, sans une plante, sans un seul brin d'herbe. C'était la désolation dans ce qu'elle peut avoir de plus total, de plus absolu.

Pendant deux jours, nous longeâmes cette falaise abrupte sans y découvrir la moindre fissure. Ce fut seulement vers le soir du second que nous découvrîmes une vaste baie, bien abritée contre tous les vents du large, au fond de laquelle nous laissâmes tomber l'ancre.

Après avoir gagné la terre dans les canots, notre premier soin fut de récolter notre nourriture sur la grève. Celle-ci était couverte de tortues par centaines et de coquillages par millions. Dans les interstices des récifs, on voyait des crabes, des homards et des langoustes en quantité fabuleuse, sans préjudice d'innombrables poissons. De toute évidence, cette mer si richement peuplée suffirait, à défaut d'autres ressources, à assurer notre subsistance pendant un temps illimité.

Quand nous fûmes restaurés, une coupure de la falaise nous permit d'atteindre le plateau, où nous découvrîmes un large espace. L'aspect du rivage ne nous avait pas trompés; de tous côtés, dans toutes les directions, ce n'étaient que roches arides, recouvertes d'algues et de goëmons généralement desséchés, sans le plus petit brin d'herbe, sans rien de vivant, ni sur la terre, ni dans le ciel. De place en place, de petits lacs, des étangs plutôt, brillaient aux rayons du soleil. Ayant voulu nous désaltérer, nous reconnûmes que l'eau en était salée.

Nous n'en fûmes pas surpris, à vrai dire. Le fait confirmait ce que nous avions supposé de prime abord, à savoir que ce continent inconnu était né d'hier et qu'il était sorti, d'un seul bloc, des profondeurs de la mer. Cela expliquait son aridité, comme sa parfaite solitude. Cela expliquait encore cette épaisse couche de vase uniformément répandue, qui, par suite de l'évaporation, commençait à se craqueler et à se réduire en poussière...

Le lendemain, à midi, le point donna 17° 20' de latitude Nord et 23° 55' de longitude Ouest. En le reportant sur la carte, nous pûmes voir qu'il se trouvait bien en pleine mer, à peu près à la hauteur du Cap Vert. Et pourtant, la terre, dans l'Ouest, la mer, dans l'Est, s'étendaient maintenant à perte de vue.

Quelque rébarbatif et inhospitalier que fût le continent sur lequel nous avions pris pied, force nous était de nous en contenter. C'est pourquoi le déchargement de la *Virginia* fut entrepris sans plus attendre. On monta sur le plateau tout ce qu'elle contenait, sans choix. Auparavant, on avait affourché solidement le bâtiment sur quatre ancres, par quinze brasses de fond. Dans cette baie tranquille, il ne courait aucun risque, et nous pouvions sans inconvénient l'abandonner à lui-même.

Dès que le débarquement fut achevé, notre nouvelle vie commença. En premier lieu, il convenait...

*
* *

Arrivé à ce point de sa traduction, le zartog Sofr dut l'interrompre. Le manuscrit avait à cet endroit une première lacune, probablement fort importante d'après la quantité de pages intéressées, lacune suivie de plusieurs autres plus considérables encore, autant qu'il était possible d'en juger. Sans doute, un grand nombre de feuillets avaient été atteints par l'humidité, malgré la protection de l'étui : il ne subsistait, en somme, que des fragments plus ou moins étendus, dont le contexte était à jamais détruit. Ils se succédaient dans cet ordre :

*
* *

... commençons à nous acclimater.

Combien y a-t-il de temps que nous avons débarqué sur cette côte ? Je n'en sais plus rien. Je l'ai demandé au docteur Moreno, qui tient un calendrier des jours écoulés. Il m'a dit : « Six mois... », en ajoutant : « à quelques jours près », car il craint de s'être trompé.

Nous en sommes déjà là ! Il n'a fallu que six mois pour que nous ne soyons plus très sûrs d'avoir mesuré exactement le temps. Cela promet !

Notre négligence n'a, au surplus, rien de bien étonnant. Nous employons toute notre attention, toute notre activité, à conserver notre vie.

Se nourrir est un problème dont la solution exige la journée entière. Que mangeons-nous? Des poissons, quand nous en trouvons, ce qui devient chaque jour moins facile, car notre poursuite incessante les effarouche. Nous mangeons aussi des œufs de tortue et certaines algues comestibles. Le soir, nous sommes repus, mais exténués, et nous ne pensons qu'à dormir.

On a improvisé des tentes avec les voiles de la *Virginia*. J'estime qu'il faudra construire à bref délai un abri plus sérieux.

Parfois nous tirons un oiseau : l'atmosphère n'est pas si déserte que nous l'avions supposé d'abord; une dizaine d'espèces connues sont représentées sur ce continent nouveau. Ce sont exclusivement des longs-courriers : hirondelles, albatros, cordonniers et quelques autres. Il faut croire qu'ils ne trouvent pas leur nourriture sur cette terre sans végétation, car ils ne cessent de tournoyer autour de notre campement, à l'affût des reliefs de nos misérables repas. Parfois nous en ramassons un que la faim a tué, ce qui épargne notre poudre et nos fusils.

Heureusement, il y a des chances pour que la situation devienne moins mauvaise. Nous avons découvert un sac de blé dans la cale de la *Virginia*, et nous en avons semé la moitié. Ce sera une grande amélioration, quand ce blé aura poussé. Mais germera-t-il? Le sol est recouvert d'une couche épaisse d'alluvion, vase sableuse engraissée par la décomposition des algues. Si médiocre qu'en soit la qualité, c'est de l'humus tout de même. Lorsque nous avons abordé, il était imprégné de sel; mais, depuis, des pluies diluviennes en ont copieusement lavé la surface, puisque toutes les dépressions sont maintenant pleines d'eau douce.

Toutefois la couche alluvionnaire n'est débarrassée de sel que sur une très faible épaisseur : les ruisseaux, les rivières même, qui commencent à se former, sont tous fortement saumâtres, et cela prouve qu'elle est encore saturée en profondeur.

Pour semer le blé et pour conserver l'autre moitié en réserve, il a presque fallu se battre : une partie de l'équipage de la *Virginia* voulait en faire du pain tout de suite. Nous avons été contraints de...

***

...que nous avions à bord de la *Virginia*. Ces deux couples de lapins se sont sauvés dans l'intérieur, et on ne les a plus revus. Il faut croire qu'ils ont trouvé de quoi se nourrir. La terre, à notre insu, produirait-elle donc...

C'étaient des débris de colonnes... (Page 238.)

* * *

... deux ans, au moins, que nous sommes ici!.. Le blé a réussi admirablement. Nous avons du pain presque à discrétion, et nos champs gagnent toujours en étendue. Mais quelle lutte contre les oiseaux! Ils se sont étrangement multipliés, et, tout autour de nos cultures....

***

Malgré les décès que j'ai relatés ci-dessus, la petite tribu que nous formons n'a pas diminué, au contraire. Mon fils et ma pupille ont trois enfants, et chacun des trois autres ménages en a autant. Toute cette marmaille éclate de santé. C'est à croire que l'espèce humaine possède une vigueur plus grande, une vitalité plus intense, depuis qu'elle est si réduite en nombre. Mais que de causes...

***

...ici depuis dix ans, et nous ne savions rien de ce continent. Nous ne le connaissions que sur un rayon de quelques kilomètres autour du lieu de notre débarquement. C'est le docteur Bathurst qui nous a fait honte de notre veulerie : à son instigation, nous avons armé la *Virginia*, ce qui a demandé près de six mois, et nous avons fait un voyage d'exploration.

Nous voilà revenus d'avant-hier. Le voyage a duré plus que nous ne pensions, parce que nous avons voulu qu'il fût complet.

Nous avons fait le tour du continent qui nous porte et qui, tout nous incite à le croire, doit être, avec notre îlot, la dernière parcelle solide existant à la surface du globe. Ses rivages nous ont semblé partout pareils, c'est-à-dire très heurtés et très sauvages.

Notre navigation a été coupée de plusieurs excursions dans l'intérieur : nous espérions, notamment, trouver trace des Açores et de Madère, — situées, avant le cataclysme, dans l'Océan Atlantique, et qui doivent, en conséquence, faire nécessairement partie du continent nouveau. — Nous n'en avons pas reconnu le moindre vestige. Tout ce que nous avons pu constater, c'est que le sol était bouleversé et recouvert d'une épaisse couche de lave, sur l'emplacement de ces îles, qui, sans doute, ont été le siège de violents phénomènes volcaniques.

Par exemple, si nous n'avons pas découvert ce que nous cherchions, nous avons découvert ce que nous ne cherchions pas ! A moitié pris dans la lave, à la hauteur des Açores, des témoignages d'un travail humain nous sont apparus, — mais non pas du travail des Açoriens, nos contemporains d'hier. — C'étaient des débris de colonnes ou de poteries, telles que nous n'en avions jamais vu. Examen fait, le docteur Moreno émit l'idée que ces débris devaient provenir de l'antique Atlantide, et que le flux volcanique les aurait ramenés au jour.

Le docteur Moreno a peut-être raison. La légendaire Atlantide aurait occupé, en effet, si elle a jamais existé, à peu près la place du nouveau continent. Ce serait, dans ce cas, une chose singulière que la succession aux mêmes lieux de trois humanités ne procédant pas l'une de l'autre.

Quoi qu'il en soit, j'avoue que le problème me laisse froid : nous avons assez à faire avec le présent, sans nous occuper du passé.

Au moment où nous avons regagné notre campement, ceci nous a frappés que, par rapport au reste du pays, nos alentours semblaient une région favorisée. Cela tient uniquement à ce que la couleur verte, jadis si abondante dans la nature, n'y est pas tout à fait inconnue, tandis qu'elle est radicalement supprimée dans le reste du continent. Nous n'avions jamais fait cette observation jusqu'alors, mais la chose est indéniable. Des brins d'herbe, qui n'existaient pas lors de notre débarquement, jaillissent maintenant assez nombreux autour de nous. Ils n'appartiennent, d'ailleurs, qu'à un petit nombre d'espèces parmi les plus vulgaires, dont les oiseaux auront, sans doute, transporté les graines jusqu'ici.

Il ne faudrait pas conclure de ce qui précède qu'il n'y a pas de végétation hormis ces quelques espèces anciennes. Par suite d'un travail d'adaptation des plus étranges, il existe, au contraire, une végétation, à l'état, tout au moins, de rudiment, de promesse, sur tout le continent.

Les plantes marines, dont celui-ci était couvert quand il a jailli hors des flots, sont mortes, pour la plupart, à la lumière du soleil. Quelques-unes cependant ont persisté, dans les lacs, les étangs et les flaques d'eau que la chaleur a progressivement desséchés. Mais, à cette époque, des rivières et des ruisseaux commençaient à naître, d'autant plus propres à la vie des goëmons et des algues que l'eau en était salée. Lorsque la surface, puis la profondeur du sol eurent été privées de sel, et que l'eau devint douce, l'immense majorité de ces plantes furent détruites. Un petit nombre d'entre elles, cependant, ayant pu se prêter aux nouvelles conditions de vie, prospérèrent dans l'eau douce comme elles avaient prospéré dans l'eau salée. Mais le phénomène ne s'est pas arrêté là : quelques-unes de ces plantes, douées d'un pouvoir d'accommodation plus grand, se sont adaptées au plein air, après s'être adaptées à l'eau douce, et, sur les berges tout d'abord, puis de proche en proche, ont gagné vers l'intérieur.

Nous avons surpris cette transformation sur le vif, et nous avons pu constater combien les formes se modifiaient en même temps que le fonctionnement physiologique. Déjà quelques tiges s'érigent timidement vers le ciel. On peut prévoir qu'un jour une flore sera ainsi créée de toutes pièces, et qu'une lutte ardente s'établira entre les espèces nouvelles et celles provenant de l'ancien ordre de choses.

Ce qui se passe pour la flore se passe aussi pour la faune. Dans le voisinage des cours d'eau, on voit d'anciens animaux marins, mollusques et crustacés pour la plupart, en train de devenir terrestres. L'air est sillonné de poissons volants, beaucoup plus oiseaux que poissons, leurs ailes ayant démesurément grandi et leur queue incurvée leur permettant...

*
* *

Le dernier fragment contenait, intacte, la fin du manuscrit :

*
* *

...tous vieux. Le capitaine Morris est mort. Le docteur Bathurst a soixante-cinq ans; le docteur Moreno, soixante; moi, soixante-huit. Tous, nous aurons bientôt fini de vivre. Auparavant, néanmoins, nous accomplirons la tâche résolue, et, autant que cela est en notre pouvoir, nous viendrons en aide aux générations futures dans la lutte qui les attend.

Mais verront-elles le jour, ces générations de l'avenir ?

Je suis tenté de répondre oui, si je ne tiens compte que de la multiplication de mes semblables : les enfants pullulent, et, d'autre part, sous ce climat sain, dans ce pays où les animaux féroces sont inconnus, grande est la longévité. Notre colonie a triplé d'importance.

Par contre, je suis tenté de répondre non, si je considère la profonde déchéance intellectuelle de mes compagnons de misère.

Notre petit groupe de naufragés était pourtant dans des conditions favorables pour tirer parti du savoir humain : il comprenait un homme particulièrement énergique, — le capitaine Morris, aujourd'hui décédé, — deux hommes plus cultivés qu'on ne l'est d'ordinaire, — mon fils et moi, — et deux savants véritables, — le docteur Bathurst et le docteur Moreno. — Avec de pareils éléments, on aurait pu faire quelque chose. On n'a rien fait. La conservation de notre vie matérielle a été, depuis l'origine, elle est encore notre unique souci. Comme au début, nous employons notre temps à chercher notre nourriture, et, le soir, nous tombons, épuisés, dans un lourd sommeil.

Il est, hélas ! trop certain que l'humanité, dont nous sommes les seuls représentants, est en voie de régression rapide et tend à se rapprocher de

NOUS VIVONS NUS, COMME CEUX QUE NOUS APPELIONS DES SAUVAGES... (PAGE 243.)

la brute. Chez les matelots de la *Virginia*, gens déjà incultes autrefois, les caractères de l'animalité se sont marqués davantage; mon fils et moi, nous avons oublié ce que nous savions; le docteur Bathurst et le docteur Moreno eux-mêmes ont laissé leur cerveau en friche. On peut dire que notre vie cérébrale est abolie.

Combien il est heureux que nous ayons opéré, il y a de cela bien des années, le périple de ce continent! Aujourd'hui, nous n'aurions plus le même courage... Et, d'ailleurs, le capitaine Morris est mort, qui conduisait l'expédition, — et morte aussi de vétusté, la *Virginia*, qui nous portait.

Au début de notre séjour, quelques-uns d'entre nous avaient entrepris de se bâtir des maisons. Ces constructions inachevées tombent en ruines, à présent. Nous dormons tous à même la terre, en toutes saisons.

Depuis longtemps il ne reste plus rien des vêtements qui nous couvraient. Pendant quelques années, on s'est ingénié à les remplacer par des algues tissées d'une façon d'abord ingénieuse, puis plus grossière. Ensuite on s'est lassé de cet effort, que la douceur du climat rend superflu : nous vivons nus, comme ceux que nous appelions des sauvages.

Manger, manger, c'est notre but perpétuel, notre préoccupation exclusive.

Cependant il subsiste encore quelques restes de nos anciennes idées et de nos anciens sentiments. Mon fils Jean, homme mûr maintenant et grand-père, n'a pas perdu tout sentiment affectif, et mon ex-chauffeur, Modeste Simonat, conserve une vague souvenance que je fus le maître jadis.

Mais avec eux, avec nous, ces traces légères des hommes que nous fûmes — car nous ne sommes plus des hommes, en vérité — vont disparaître à jamais. Ceux de l'avenir, nés ici, n'auront jamais connu d'autre existence. L'humanité sera réduite à ces adultes — j'en ai sous les yeux, tandis que j'écris — qui ne savent pas lire, ni compter, à peine parler; à ces enfants aux dents aiguës, qui semblent n'être qu'un ventre insatiable. Puis, après ceux-ci, il y aura d'autres adultes et d'autres enfants, puis d'autres adultes et d'autres enfants encore, toujours plus proches de l'animal, toujours plus loin de leurs aïeux pensants.

Il me semble les voir, ces hommes futurs, oublieux du langage articulé, l'intelligence éteinte, le corps couvert de poils rudes, errer dans ce morne désert...

Eh bien! nous voulons essayer qu'il n'en soit pas ainsi. Nous voulons faire tout ce qu'il est en notre pouvoir de faire pour que les conquêtes de l'humanité dont nous fûmes ne soient pas à jamais perdues. Le docteur Moreno, le docteur Bathurst et moi, nous réveillerons notre cerveau engourdi, nous l'obligerons à se rappeler ce qu'il a su. Nous partageant le travail, sur ce papier et avec cette encre provenant de la *Virginia*, nous énumérerons tout ce que nous connaissons dans les diverses catégories de la science, afin que, plus tard, les hommes, s'ils perdurent, et si, après une période de sauvagerie plus ou moins longue, ils sentent renaître leur soif de lumière, trouvent ce résumé de ce qu'ont fait leurs devanciers. Puissent-ils alors bénir la mémoire de ceux qui s'évertuèrent, à tout hasard, pour abréger la route douloureuse de frères qu'ils ne verront pas !

* *

Au seuil de la mort.

Il y a maintenant à peu près quinze ans que les lignes ci-dessus furent écrites. Le docteur Bathurst et le docteur Moreno ne sont plus. De tout ceux qui débarquèrent ici, moi, l'un des plus vieux, je reste presque seul. Mais la mort va me prendre, à mon tour. Je la sens monter de mes pieds glacés à mon cœur qui s'arrête.

Notre travail est terminé. J'ai confié les manuscrits qui renferment le résumé de la science humaine à une caisse de fer débarquée de la *Virginia*, et que j'ai enfoncée profondément dans le sol. A côté, je vais enfouir ces quelques pages roulées dans un étui d'aluminium.

Quelqu'un trouvera-t-il jamais le dépôt commis à la terre ? Quelqu'un le cherchera-t-il, seulement ?..

C'est affaire à la destinée. A Dieu vat !...

* *

A mesure que le zartog Sofr traduisait ce bizarre document, une sorte d'épouvante étreignait son âme.

Eh quoi ! la race des Andart'-Iten-Schu descendait de ces hommes, qui, après avoir erré de longs mois sur le désert des océans, étaient venus échouer en ce point du rivage où s'élevait maintenant Basidra ? Ainsi, ces créatures misérables avaient fait partie d'une humanité glorieuse, au regard de laquelle l'humanité actuelle balbutiait à peine ! Et cependant, pour que fussent abolis à jamais la science et jusqu'au souvenir de ces peuples si puissants, qu'avait-il fallu? Moins que rien : qu'un imperceptible frisson parcourût l'écorce du globe.

Quel irréparable malheur que les manuscrits signalés par le document eussent été détruits avec la caisse de fer qui les contenait! Mais, si grand que fût ce malheur, il était impossible de conserver le moindre espoir, les ouvriers ayant, pour creuser les fondations, retourné le sol en tous sens. A n'en pas douter, le fer avait été corrodé par le temps, alors que l'étui d'aluminium résistait victorieusement.

Au reste, il n'en fallait pas plus pour que l'optimisme de Sofr fût irrémédiablement bouleversé. Si le manuscrit ne présentait aucun détail technique, il abondait en indications générales et prouvait d'une manière péremptoire que l'humanité s'était jadis avancée plus avant sur la route de la vérité qu'elle ne l'avait fait depuis. Tout y était, dans ce récit, les notions que possédait Sofr, et d'autres qu'il n'aurait pas même osé imaginer, — jusqu'à l'explication de ce nom d'Hedom, sur lequel tant de vaines polémiques s'étaient engagées!.. Hedom, c'était la déformation d'Edem, — lui-même déformation d'Adam, — lequel Adam n'était peut-être que la déformation de quelque autre mot plus ancien.

Hedom, Edem, Adam, c'est le perpétuel symbole du premier homme, et c'est aussi une explication de son arrivée sur la terre. Sofr avait donc eu tort de nier cet ancêtre, dont la réalité se trouvait établie péremptoirement par le manuscrit, et c'est le peuple qui avait eu raison de se donner des ascendants pareils à lui-même. Mais, pas plus pour cela que pour tout le reste, les Andart'-Iten-Schu n'avaient rien inventé. Ils s'étaient contentés de redire ce qu'on avait dit avant eux.

Et peut-être, après tout, les contemporains du rédacteur de ce récit n'avaient-ils pas inventé davantage. Peut-être n'avaient-ils fait que refaire, eux aussi, le chemin parcouru par d'autres humanités venues avant eux sur la terre. Le document ne parlait-il pas d'un peuple qu'il nommait Atlantes? C'était de ces Atlantes, sans doute, que les fouilles de Sofr avaient permis de découvrir quelques vestiges presque impalpables au-dessous du limon marin. A quelle connaissance de la vérité cette antique nation était-elle parvenue, quand l'invasion de l'océan la balaya de la terre?

Quelle qu'elle fût, il ne subsistait rien de son œuvre après la catastrophe, et l'homme avait dû reprendre du bas de la montée son ascension vers la lumière.

Peut-être en serait-il de même pour les Andart'-Iten-Schu. Peut-être en serait-il encore ainsi après eux, jusqu'au jour...

Mais le jour viendrait-il jamais où serait satisfait l'insatiable désir de l'homme? Le jour viendrait-il jamais où celui-ci, ayant achevé de gravir la pente, pourrait se reposer sur le sommet enfin conquis?..

Ainsi songeait le zartog Sofr, penché sur le manuscrit vénérable.

Par ce récit d'outre-tombe, il imaginait le drame terrible qui se déroule perpétuellement dans l'univers, et son cœur était plein de pitié. Tout saignant des maux innombrables dont ce qui vécut avait souffert avant lui, pliant sous le poids de ces vains efforts accumulés dans l'infini des temps, le zartog Sofr-Aï-Sr acquérait, lentement, douloureusement, l'intime conviction de l'éternel recommencement des choses.

TABLE

	Pages.
La Famille Raton	1
M. Ré-Dièze et Mlle Mi-Bémol	49
La Destinée de Jean Morénas	89
Le Humbug	137
Au XXIXe siècle. — La journée d'un journaliste américain en 2889	177
L'Éternel Adam	204

PARIS. — IMPRIMERIE GAUTHIER-VILLARS
44275   55, Quai des Grands-Augustins.

www.ingramcontent.com/pod-product-compliance
Lightning Source LLC
Chambersburg PA
CBHW050348170426
43200CB00009BA/1776